Mathias Jung

Die Schätze der Kindheit

Unschuld ist das Kind
und Vergessen,
ein Neubeginnen, ein Spiel,
ein aus sich rollendes Rad,
eine erste Bewegung,
ein heiliges Jasagen.

Friedrich Nietzsche
Also sprach Zarathustra

Mathias Jung

Die Schätze der Kindheit

Wie ich sie heben und mich reich
machen kann

emu-Verlag

Gedruckt auf umweltfreundlich hergestelltem Papier
(chlor- und säurefrei gebleicht)
1. Auflage, 2016
ISBN 978-3-89189-218-3
© 2016 by emu Verlags- und Vertriebs-GmbH, 56112 Lahnstein
Titelblatt: Simone Kerschbaum
Gesamtherstellung: Kösel, Krugzell

Inhaltsverzeichnis

Dichtung und Wahrheit

Vom Vater hab ich die Statur,
Des Lebens ernstes Führen,
Vom Mütterchen die Frohnatur
Und Lust zu Fabulieren.

Goethe

Die Kindheit war unsere erste Heimat. Gewiss, sie mag auch verschattet und von manchem Leid geprägt gewesen sein. Diese schmerzhafte, häufig deformierende elterliche Dressur oder Lieblosigkeit sind zu Recht das Herzstück der meisten Therapien: Das Kindheitstrauma muss erinnert, beweint, bewütet, begriffen und seine Spätfolgen beendet werden. Aber ist das wirklich alles? Ist Familie nicht auch, wie der Publizist Heribert Prantl rühmt, „der Ort, an dem der Mensch zu Ende geboren werden kann"?

Es scheint mir ebenso wichtig wie unerlässlich, dass wir die Schätze der Kindheit erforschen und fruchtbar machen. Denn ich halte mich an die Meinung meines therapeutischen Lehrmeisters Prof. Hilarion Petzold, des Altmeisters der Gestalt- und Integrativen Therapie. In seinem Vorwort des psychologischen Meisterwerkes *Ich liebe mich – ich hasse mich* von Bach und Torbet (1985) kritisiert er: „Wenn die negativen Einflüsse von Elterninstanzen in der Psychotherapie ernst genommen werden müssen, so ist es doch eine Einseitigkeit, ein neuer Mythos der Psychotherapie, die ganze Last seelischer Erkrankungen oder Beeinträchtigung von Lebensglück den Eltern zuzuschieben, den ‚Schweineeltern‘, wie sie von einigen Transaktionsanalytikern genannt werden." Und: „Ich halte das für unangemessen, ja schädlich, weil es dabei zu einer Entwertung der eigenen Vergangenheit kommt und die nährenden, stützenden Qualitäten der Eltern aus dem Blick geraten, wo es doch eigentlich lediglich um die Auseinandersetzung mit ihren Schattenseiten geht …"

Wir wollen also im Folgenden einmal bewusst den Blick auf die positiven Lebenseinstellungen, Talente, Fähigkeiten richten, die wir den guten „Feen", „Schutzengeln", und „Zauberern" unserer Kindheit verdanken. Ich selbst entdeckte erst spät und vor dem Hintergrund meiner Therapien und psychoanalytischen Ausbildung, wie viel Reichtum ich trotz allem aus meiner Scheidungsfamilie in mein Erwachsenendasein mitgenommen habe: Arbeitslust, Lebensfreude, Bildung, politisches Interesse, Tierliebe, soziales Engagement, Schabernack, Humor und vieles andere. Frage Dich, liebe Leserin, lieber Leser, welche Schätze aus dem Füllhorn Deiner Kindheit und Jugend haben Dich geprägt. Was wurde Dir von wem geschenkt? Wer oder was hat Dich damit geformt? Waren es Mutter, Vater, Geschwister, Großeltern, Kindergärtnerinnen, Lehrer, Nachbarn, Haustiere, Spielgefährten, Freunde, Freundinnen, Natur, Garten, Ausflüge, Heimatlandschaft, Spiele, Feste? Was waren Vorbilder für Dich – Deine Weiblichkeit, Deine Männlichkeit – auch für Deinen späteren Beruf und Deine Partnerbindung? Was war Dein schönstes Kindheitserlebnis?

Hundertvierzehn Frauen und Männer haben mir auf diese meine Fragen in unserem Hausmagazin *DER GESUNDHEITSBERATER* im November 2015 geantwortet. Euch allen danke ich von Herzen. Wie versprochen habe ich Eure Namen anonymisiert, wenn Ihr mir nicht ausdrücklich die Nennung Eures Vornamens erlaubt habt. Die Fülle der Antworten, ihre analytische Kraft und Nuanciertheit faszinieren mich. Sie sind so facettenreich, hell und dunkel, spannungsvoll wie das Leben selbst. Denn das Leben ist, wie es unsere Märchen widerspiegeln, schön und grausam zugleich. Deshalb stellte ich anfangs die unvermeidliche Frage: „Gab es auch einen Schatten über Deiner Kindheit?" Diese Hürde müssen wir nehmen.

Kindheit ist, das wissen wir alle, nicht nur ein Paradies. Vor allem das Erwachen zum bewussten Selbst und damit zum Geschenk und Fluch der Individuation, der Vereinzelung und der Vereinsamung. Ich selbst erinnere mich noch genau an den Augenblick, als ich mein Ich entdeckte. In meinem Buch *Der Weg zum Ich* (2009) habe ich darüber berichtet. Ich spielte, etwa sechsjährig, auf dem Bürgersteig vor unserem Haus. Meine Ärzteeltern arbeiteten in der Praxis. Die Sprechstundenhilfe betreute die Patienten. Die Haushälterin kochte. Meine Geschwister lernten in der Schule. Ich war allein. Mutterseelenallein. Vaterseelenallein. Geschwisterseelenallein. Ich empfand mich plötzlich, wie von einem Luftzug kalt angehaucht, einsam und verloren. Hatte ich Nesthäkchen mich bis jetzt nicht immer als Mittelpunkt des Universums, als kleiner Sonnenkönig gefühlt, von allen geachtet, geliebt, gehätschelt?

Mein Herz krampfte sich vor Schmerz zusammen. Ich fühlte mich mit einem Schlag vom Zentrum der

Welt an die Peripherie versetzt: Keiner kümmerte sich um mich. Schlimmer noch – keiner brauchte mich! Die Welt drehte sich, ohne mich zu bemerken, gleichmütig und gleichgültig um ihre Achse, ob ich da war oder nicht.

In diesem fast magischen Augenblick schmerzhafter Individuation, der Geburt meines abgegrenzten, sich selbst überantworteten Ichs, traf mich zugleich eine weitere narzisstische Kränkung. Ich erkannte: Vor sechs Jahren hatte es mich noch nicht gegeben. Schlimmer noch: Keiner hatte mich vermisst. Alle waren ohne mich fröhlich gewesen. Ich begriff jäh: Ich war gar nicht so wichtig. Ich war „nur" ein Kind. Ich war „nur" eines von fünf Geschwistern. Ich war „nur" ein kleines unbedeutendes Menschlein unter Milliarden. Mir schwindelte: Ich war in diesen Sekunden ein für alle Mal aus dem Paradies der Kindheit herausgefallen. Mein Ich war erwacht. Ich fröstelte im gleißenden Sonnenlicht.

Kindheit ist, positiv gesehen, Genialität und Wildheit. Der Philosoph Arthur Schopenhauer (1788 – 1860) schreibt (in seinem Kapitel *Vom Genie* in *Die Welt als Wille und Vorstellung*): „Wirklich ist jedes Kind gewissermaßen ein Genie und jedes Genie gewissermaßen ein Kind. Die Verwandtschaft beider zeigt sich zunächst in der Naivität und erhabenen Einfalt, welches ein Grundzug eines echten Genies ist … Jedes Genie ist schon darum ein großes Kind, weil es in die Welt hineinschaut als in ein Fremdes, ein Schauspiel, daher mit rein objektivem Interesse. Demgemäß hat es, so wenig wie das Kind, jene trockene Ernsthaftigkeit der Gewöhnlichen. Wer nicht zeitlebens gewissermaßen ein großes Kind bleibt, sondern ein ernsthafter, nüchterner, durchweg gesetzter und vernünftiger Mann wird, kann ein sehr nützlicher und tüchtiger Bürger dieser Welt sein; nur nimmermehr ein Genie."

Der amerikanische Autor Paul L. Auster rückt in seinem *Bericht aus dem Inneren* (2014) die Verzauberung der Kindheit plastisch ins Bild: „Am Anfang war alles lebendig. Die kleinsten Gegenstände waren mit pochendem Herzen ausgestattet, und selbst die Wolken hatten Namen. Scheren konnten gehen, Telefone und Teekessel waren Cousins, Augen und Brillen waren Brüder. Das Zifferblatt der Uhr war ein Gesicht, jede Erbse in deinem Napf hatte eine eigene Persönlichkeit, und der Kühlergrill vorn am Auto deiner Eltern war ein grinsendes Maul mit vielen Zähnen. Bleistifte waren Luftschiffe. Münzen waren fliegende Untertassen. Die Äste der Bäume waren Arme. Steine konnten denken, und Gott war überall.

Es war nicht schwer zu glauben, dass der Mann im Mond wirklich ein Mann war. Du konntest sein Gesicht vom Nachthimmel auf dich hinabblicken sehen, und zweifellos war es das Gesicht eines Menschen."

Die Kindheit als magisches Zeitalter imprägniert in Spurenelementen auch unser erwachsenes Dasein. Auster: „Dass deine Erinnerungen nicht ganz und gar trügerisch sind, beweist dir allein die Tatsache, dass du immer noch gelegentlich in alte Denkmuster verfällst. Spuren davon sind dir geblieben, der Animismus der frühen Kindheit ist nicht vollständig aus deinem Kopf verbannt, und jeden Sommer liegst du auf dem Rücken im Gras, siehst zu den vorbeitreibenden Wolken hinauf und beobachtest, wie sie zu Gesichtern werden, zu Vögeln und anderen Tieren, zu Staaten und Ländern und imaginären Königreichen. Immer noch erinnert dich der Kühlergriff eines Autos an Zähne, und der Korkenzieher ist immer noch eine tanzende Ballerina. Ungeachtet deiner äußeren Erscheinung bist du immer noch, wer du warst, auch wenn du nicht mehr derselbe bist."

Die Fantasie ist ewig jung. Sie ist ein Göttergeschenk. Ohne Fantasie gibt es vermutlich kein Wissen, keine Erfindungen, keinen Fortschritt.

„Wer wäre imstande, von der Fülle der Kindheit würdig zu sprechen", notiert Goethe kritisch in seinem Memorial *Dichtung und Wahrheit* (vollständig posthum 1834 erschienen). Der Dichter ist sich, wie der Titel zeigt, klar darüber, dass eine Kindheit, ja ein ganzes Leben niemals in seiner Unermesslichkeit abgebildet, rekonstruiert und in seiner Widersprüchlichkeit minutiös wiedergegeben werden kann. Kindheitsberichte sind *Narrative*, Erzählweisen. Selbstdarstellungen sind immer auch Selbstdeutungen. Sie arbeiten mit Akzentuierungen, Vereinfachungen, Selektionen. Sie sind abhängig vom Lebensalter, in dem sie erinnert werden. Sie enthalten immer auch einen Moment der Dichtung und Fiktion, der Stilisierung und Idealisierung, der Dramatisierung oder der Verdrängung.

Goethe selbst charakterisiert seine in frühen Kinderjahren verstorbenen Geschwister lediglich mit sparsamen Worten, ja, er weiß offensichtlich nicht einmal genau ihre Zahl. Infektionskrankheiten wie Masern, Windpocken hätten die Geschwister dezimiert. Goethe knapp: „Bei Gelegenheit dieses Familienleidens will ich auch noch eines Bruders gedenken, welcher, um drei Jahr jünger als ich, gleichfalls von jener Ansteckung ergriffen wurde und nicht wenig davon litt. Er war von zarter Natur, still und eigensinnig, und wir hatten niemals ein eigentliches Verhältnis zusammen. Auch überlebte er kaum die Kinderjahre. Unter mehreren nachgeborenen Geschwistern, die gleichfalls nicht lange am Leben blieben, erinnere ich mich nur eines sehr schönen und angenehmen Mädchens, das aber auch bald verschwand …" War Goethe, als Ältester und Götterliebling seiner Mutter, eifersüchtig auf die unerwünschten Geschwister?

Kinder sind geborene Anarchisten, durchaus auch aggressiv und von lustvoller Zerstörungswut besessen. Goethe selbst führt eine dieser „Eulenspiegeleien", wie er sie nennt, in seinem Erinnerungsbuch an. Sie ist klassisch geworden: „Da war eben Topfmarkt gewesen, und man hatte nicht allein die Küche für die nächste Zeit mit solchen Waren versorgt, sondern auch uns Kindern dergleichen Geschirr im Kleinen zu spielender Beschäftigung eingekauft. An einem schönen Nachmittag, da alles so ruhig im Hause war, trieb ich im Geräms (durch Gitterwerk offener Raum zur Straße hin – M. J.) mit meinen Schüsseln und Töpfen mein Wesen, und da weiter nichts dabei herauskommen wollte, warf ich ein Geschirr auf die Straße und freute mich, dass es dabei so lustig zerbrach. Die von Ochsenstein, welche sahen, wie ich mich daran ergötzte, dass ich sogar

fröhlich in die Händchen patschte, riefen: Noch
mehr! Ich säumte nicht, sogleich einen Topf und auf
immer fortwährendes Rufen: Noch mehr! nach und
nach sämtliche Schüsselchen, Tiegelchen, Kännchen
gegen das Pflaster zu schleudern. Meine Nachbarn
fuhren fort, ihren Beifall zu bezeugen, und ich war
höchlich froh, ihnen Vergnügen zu machen. Mein
Vorrat aber war aufgezehrt, und sie riefen immer:
Noch mehr! Ich eilte daher stracks in die Küche und
holte die irdenen Teller, welche nun freilich im Zer-
brechen noch ein lustigeres Schauspiel gaben; und so
lief ich hin und wieder, brachte einen Teller nach dem
anderen, wie ich sie auf dem Topfbrett der Reihe nach
erreichen konnte, und weil sich jene gar nicht zufrieden gaben, so stürzte ich alles, was ich von Geschirr
erschleppen konnte, in gleiches Verderben. Nur später erschien jemand, zu hindern und zu wehren. Das
Unglück war geschehen, und man hatte für so viel
zerbrochene Töpferware wenigstens eine lustige
Geschichte, an der sich besonders die schalkischen
Urheber bis an ihr Lebensende ergötzten." Schön,
wer solche toleranten Eltern hat!

Noch einmal: Warum ist es so wichtig, sich der Kindheit so genau zu erinnern, sie vielleicht sogar für
sich und die Nachkommen aufzuschreiben? Der junge Pastorensohn Friedrich Nietzsche legte darüber

als Schüler in Schulpforta 1864 Rechenschaft ab: „Es ist nicht nur interessant, sondern sogar notwendig, sich die Vergangenheit, die Jahre der Kindheit, so treu wie möglich vor Augen zu stellen, da wir nie zu einem klaren Urteil über uns selbst kommen können, wenn wir nicht die Verhältnisse, in denen wir erzogen sind, genau betrachten und ihre Einflüsse auf uns abmessen."

„Erkenne dich selbst" stand auf dem Fries des Tempels von Delphi. Wer sich nicht erkennt, kann sich nicht entwickeln. Er stagniert. Auf einem Graffito in Düsseldorf las ich einmal den Satz: „Er war tot mit zwanzig und starb mit achtzig."

Warum ist aber die positiv inspirierte Erinnerung so bedeutsam? Die Antwort lautet: Weil wir ohne die guten Feen, Zauberer und irdischen Schutzengel nie das geworden wären, was wir heute sind. Sie haben uns ermuntert, an ihnen haben wir uns gebildet. Sie waren unsere Vorbilder. Es gibt Helfer. Wenn ich in der therapeutischen Arbeit mit einem Menschen dessen bittere Kindheits- und Jugenderlebnisse durchgearbeitet habe, also die daraus resultierenden Deformationen, Wahrnehmungs- und Handlungsverzerrungen (Neurosen), und die Frau oder der Mann vor mir neue Einstellungen und Lebensschritte ausprobiert, dann frage ich grundsätzlich nach den früheren Helfern. Fast immer sind es viele, die geholfen haben.

Opa und Oma rangieren gewöhnlich an erster Stelle. Sie hatten das kleine Menschlein lieb und fragten nicht nach seinen Schulleistungen. Da gibt es Tanten und Onkel, aber auch, wie in meinem Fall, hilfreiche Geschwister. Oft waren auch eine Lehrerin, ein Lehrer die gütige Instanz. Oder die Nachbarin, der Bäcker, eine Hausgehilfin, ja selbst Hunde, Katzen, ein Hamster, ein Wellensittich oder das Übergangsobjekt einer geliebten Puppe erwiesen sich als hilfreich. Wenn ich im Rahmen einer Meditation die entspannt daliegenden Teilnehmer ermutige, all diese Helfer im Geiste neben sich zu setzen, habe ich jedes Mal das Gefühl, dass sich der Seminarraum bis zum Platzen mit lieben Menschen und mit geliebten Tieren füllt.

Welche Fülle von Hilfestellungen haben wir, selbst wenn unsere Lebensstrecken überschattet waren, erhalten! Da ist viel Reichtum in jedem Leben. Das dürfen wir mit Dankbarkeit registrieren. In meinem eigenen Leben gab es so viele liebe Engel – das Kindermädchen Ida, deren Weggang ich heftig betrauerte. „Ida ada"? soll ich fassungslos gefragt haben. Die beiden Lehrerinnen an der Volksschule, Frau

Dreher, die Mütterliche, und Frau Schäfer, die Rassige, in die ich mich nacheinander und unsterblich verliebte. Mein – verstorbener – großer Jugendfreund Michael. Im Internat der sanfte Pater Lorenz, der den damals üblichen Beichtterror und die jesuitische Sexualneurose nicht mitmachte, sondern mich aus der Tiefe des Beichtstuhls mit der Frohbotschaft statt der Drohbotschaft wärmte. Und, nicht zu vergessen, der Neufundländer Gentleman, die große Liebe von uns Kindern. Was interessierte es ihn, ob ich ein Schulversager oder Bettnässer, unsportlich und linkisch war. Er liebte mich mit seiner großen Hundeseele. Wenn ich aus dem österreichischen Jesuiteninternat heimkam, sprang er an mir hoch und leckte mir mit seiner riesengroßen Zunge über das Gesicht.

Die Kindheit jedes Menschen ist eine Art psychologische Kriminalgeschichte. Denn Kindheit ist Zerrissenheit zwischen Grandiosität und Minderwertigkeitskomplex. Sie bedeutet das Erkennen von Schönheit und Grausamkeit der Welt. Sie enthält Angst, Lust, Schmerz, Prüfen und Wagnis als treibende Elemente der Ichwerdung. Sie beinhaltet das Abenteuer der Individuation: die Wandlung vom Kind zum Erwachsenen. Kindheit führt hinein in den ewigen Kampf zwischen Gut und Böse. Sie enthüllt es im Innern eines Menschen. Sie öffnet das

Himmelreich der Fantasie. Kindheit ist Mitgift und Hypothek. Der kindliche Antiheld überschreitet die Demarkationslinie zum Erwachsensein mit seinem Aufbruch in der Pubertät.

Jeder Mensch bewegt sich in einem unsichtbaren Kräftefeld von Ängstigungen, Botschaften, Ideologien, Lebensphilosophien, Meinungen, Normen, Parolen und Weisungen. Aus ihnen formt sich in einem komplexen Prozess zwischen Es und Über-Ich sein Ich. Die unterschiedlichsten Einflüsse werden so durch andere Menschen in unser Leben eingebracht.

Welches Kind müsste sich nicht in diesem Wirrwarr des „Menschlichen, Allzumenschlichen" (Nietzsche) zurechtfinden! Das Kind muss Realismus lernen, sowohl die nötige Menschenkenntnis als auch eine gewisse Portion Misstrauen, ohne jedoch selbst misstrauisch oder sogar zynisch zu werden. Jeder Mensch ist auch ein Wesen voller Dunkelheit und Widersprüche. Jeder Mensch ist wie der Mond mit einer hell beschienenen vorderen Seite und einer Rückseite, die er niemandem zeigt.

Kann eine Kindheit überwiegend schlimm gewesen sein? Ja, natürlich, das gibt es, wie wir im folgenden Kapitel sehen werden. Aber das ist nicht die ganze

Wahrheit. Nicht selten hängt es von unserer Betrachtungsweise ab. Ich erinnere mich an einen Mann, der mir wiederholt von seiner aufregenden, schönen Kindheit als verwöhntes und geliebtes Einzelkind mit Freunden, Tieren und stürmischen Spielen erzählte. Als er Jahre später eine Therapieausbildung begann, hörte ich plötzlich nur noch ausweglos düstere Berichte aus seinem dunklen Kinderkerker der Einsamkeit und Trauer. In therapeutischen Gruppen entwickelt sich zuweilen, wie Eingeweihte wissen, eine Art paradoxe Konkurrenz um die jeweils schlechteste Kindheit.

Doch auch aus einer schweren Kindheit kann gerade im Kontrast großes Glück erwachsen. Das wird mir deutlich am Schicksal der taub-blinden Amerikanerin Helen Keller. In ihrem Buch *Meine Welt* (Erstauflage 1908) wehrt sich die Demokratin, Publizistin und moralische Anwältin der Blinden gegen das Schlechtreden der Lebenschancen Behinderter: „Die Kritiker haben ihr Vergnügen daran, uns zu sagen, was wir nicht können. Sie nehmen an, dass Blindheit und Taubheit uns vollständig von jenen Dingen absondern, die der Sehende und der Hörende genieße, und folgern nun daraus, wir haben kein moralisches Recht, von Schönheit, Himmelserscheinungen, Bergen, Vogelgesang und Farben zu reden." Helen Keller liebte die Natur und die Tiere: „Der schwächste Duft-hauch von einer Wiese, worauf das frische Heu in der heißen Sonne liegt, verrückt mir das Hier und das Jetzt. Ich bin wieder in der alten roten Scheune. Meine kleinen Freunde und ich spielen im Heuhaufen. Ein riesiger Haufen ist es von knusprigem, süßem Heu, und von seiner Höhe kann das kleine Kind die Dachsparren erreichen, die sich über uns spannen. In ihren Ställen unten stehen die Tiere des Gehöftes. Da ist Jerry, das schönheitslose Pferd, das gegen Freundlichkeiten so kalt ist; wie ein richtiger Pessimist kaut es an seinem Hafer, fest entschlossen, diesen nicht gut zu finden. Dann wieder streichele ich Brownie, die muntere, anmutige, kleine Brownie, die stets bereit ist, das saftigste Futter zu verlassen, um sich tätscheln zu lassen und ihren schönen, schlanken Hals herüberstreckt, um eine Liebkosung zu empfangen. Dicht daneben steht dann Lady Belle, mit süßem, feuchtem Maul, gemächlich den herzstärkenden Saft aus Thymian und Klee einsaugend, und vom hohen Junigrase grüner Weiden und vom murmelnden Bächlein träumend."

Die Taub-Blinde entwickelt eine Philosophie der Sinne aus dem vitalen Sinn des Lebens. Über Schwingungen korrespondiert die sensitive Behinderte mit der Welt: „Indem ich meine Hand an Lippen und

Kehle eines Menschen lege, bemerke ich manche ganz besonderen Schwingungen, die ich mir ausle-ge: das Kichern eines Knaben, das überraschte ,Oh' eines Mannes, das Stöhnen des Schmerzes, ein Krei-schen, ein Flüstern, ein Räuspern, ein Seufzen, ein Würgen, ein schweres Atmen. Die Äußerungen der Tiere, wenngleich wortlos, sind beredt für mich: das Springen der Katze, ihr Miauen, ihr ärgerliches, bö-ses stoßweises Fauchen; das warnende oder fröh-lich begrüßende Wauwau des Hundes, sein verzwei-feltes Jaulen oder sein zufriedenes Schnurren. Das Muhen der Kuh; das Schnattern eines Affen; das Prusten eines Pferdes; das Gebrüll eines Löwen und das schreckliche Knurren eines Tigers."

Zum Schatz ihrer Kindheit wurde Anne Sullivan (1866 – 1936). Am 3. März 1887 betrat die Lehrerin Helens Leben: „Ich streckte meine Hand aus, wie ich glaubte, meiner Mutter entgegen. Irgendjemand er-griff sie, ich wurde emporgehoben und fest in die Arme geschlossen, die Arme der Frau, die gekom-men war, den Schleier, der mir die Welt verbarg, zu lüften und, was noch viel mehr bedeutete, mich zu lieben."

Mit Hilfe Annes, von der Blinden „Teacher", also Lehrerin genannt, lernte sie Worte, Buchstaben,

Sprache und Braille-Schrift, studierte an der Hochschule und entdeckte das Wunder zärtlicher Berührung: Helen Keller war dankbar: „Als meine Lehrerin kam, atmete alles um mich Liebe und Freude und gewann eine Fülle von Bedeutung. Seitdem hat sie keine einzige Gelegenheit vorübergehen lassen, ohne mich auf die in allem waltende Schönheit aufmerksam zu machen ... Wie viel von meiner Freude an allem Schönen mir angeboren, wie viel ich ihrem Einfluss verdanke, werde ich wohl nie anzugeben vermögen. Ich fühle, ihr Wesen ist untrennbar von dem meinigen ... Alles Gute an mir ist ihr Werk – es gibt keine Fähigkeit, kein Streben, keine Freude in mir, die sie nicht durch ihre liebevolle Berührung zum Leben erweckt hätte."

Unzählige Blinde und Gehörlose sahen in Helen Keller (1880–1968) ein Beispiel enthusiastischer Lebensbejahung und tapferer Schicksalsbewältigung. Zugleich prangerte sie die sozialen Missstände in den USA an und wurde zu einer kämpferischen Sozialistin, Philosophin und freien Christin. Die taubstumme Helen schlüpfte aus dem Schatten ihrer Behinderung in die Sonne ihres hellwachen Bewusstseins. Sie zeigt uns unter extremen Bedingungen, wie wir vom Schatten zum Licht zu fliehen vermögen.

DICHTUNG UND WAHRHEIT

Vom Schatten zum Licht

Eine schwierige Kindheit ist wie ein
unsichtbarer Feind, dachte ich.
Man weiß nie, wann er zuschlagen wird.

Benedict Wells
Vom Ende der Einsamkeit (2016)

Dass dem Schatten einer schweren Kindheit der biografische Gang in das Licht folgen kann, das sahen wir am tapferen Schicksal der taub-blinden Helen Keller. Das Leben schüttet oft später Geschenke über uns Erwachsene aus, wenn wir uns ihm mit Tatkraft stellen. Hermann Hesse formuliert das einmal in seinem männlichen Pubertätsroman *Demian. Die Geschichte von Emil Sinclair* (1919) mit anthropologischer Präzision: „Jeder Mensch ist aber nicht nur er selber, er ist auch der einmalige, ganz besondere, in jedem Fall wichtige und merkwürdige Punkt, wo die Erscheinungen der Welt sich kreuzen, nur ein Mal so und nie wieder. Darum ist jedes Menschen Geschichte wichtig, ewig, göttlich, darum ist jeder Mensch, solange er irgend lebt und den Willen der Natur erfüllt, wunderbar und jeder Aufmerksamkeit würdig. Das Leben jedes Menschen ist ein Weg zu sich selber hin, der Versuch eines Weges, die Andeutung eines Pfades."

Doch wir kommen bei allem konstruktiven Optimismus an der Tatsache nicht vorbei, dass die Kindheit im fahlen Licht der Lieblosigkeit fatale seelische Grausamkeiten enthalten kann. Dichter wie Karl Philipp Moritz *(Anton Reiser)*, August Strindbergh *(Der Sohn der Magd)*, Hans Christian Andersen, Sohn eines verarmten Schuhmachers und einer alkoholkranken Wäscherin *(Das Märchen meines Lebens)*, Christine Lavant *(Das Kind)* oder Thomas Bernhard *(Der Keller)* berichten, zum Teil literarisch verschlüsselt, erschütternd vom Elend ihrer Kindheit.

Wir leben, ob wir das wahrhaben wollen oder nicht, in einer privaten oder kollektiven Schattenwelt. Da gibt es Alkohol und Gewalt, sexuellen Missbrauch, die schwarze Pädagogik von Kommandos und Prügeln, die Scheidung der Eltern, eine destruktive Geschwisterkonstellation, die Wunde des Ungeliebtseins, die frühe Deponierung bei Großeltern oder Pflegeeltern, der „Makel" der Unehelichkeit, die Verschickung in ein Internat, aber auch soziale Armut, Arbeitslosigkeit und Flüchtlingsschicksal. In einer konservativ-christlichen Familie mussten wir etwa Liberalismus, Mischehe und Homosexualität verachten lernen, in einem großbürgerlichen Milieu begegneten wir Arbeitern und Menschen aus der Unterschicht mit Herablassung. Hier ist es wichtig zu fragen: Was ist mein Familienschatten? Was durfte in unserer Familie nicht sein? Durfte ich nicht „langweilig" sein? Durfte ich nicht „frech" sein? Galten Schwarze, Juden, Türken als Menschen zweiter Klasse? Waren die Eltern Nazis? Galt ein Mann ohne Wehrdienst als ein Schwächling? War nur eine Frau mit vielen Kindern eine richtige Frau? Galt die Hausfrau und Mutter als die höchste Form des Weiblichen? Oder umgekehrt, war lediglich eine berufstätige Frau das Ideal?

Ob Individuum oder Gesellschaft, alle kämpfen wir gegen unseren Schatten an, obwohl er uns doch ein Psychogramm unseres Unbewussten geben könnte. Je mehr wir den Schatten ins Unbewusste zurückdrängen, umso mehr übt er seine Macht aus. Das Böse, das in uns ist, projizieren wir auf die „böse" Welt. Von dort schaut in Wahrheit die eigene Fratze auf uns zurück. Nicht der Schatten ist das Problem, sondern seine Verdrängung. Der Schatten – das sind

Weisungen, die absolut sind oder die sich überlebt haben. Sie können mich terrorisieren wie den neurotischen Laternenanzünder in Saint-Exupérys *Der kleine Prinz*. Nichts hält mich mehr am Leben als falsch gewordene Vorschriften und destruktive Ideale der Vergangenheit. Ich habe mir Meinungen, Ideologien, grobe Vereinfachungen und Fanatismus in Sachen Moral, Benimm, Essen, Trinken, Wohnen und Sexualität, Beziehung und Arbeit überstülpen lassen. Jetzt leide ich darunter, dass ich mit meinem Eigen-Sinn in diesen Fremdbotschaften nicht vorkomme.

Diese Bann-Botschaften aus der Kindheit überziehen das Leben mit Raureif. Sie lassen oft mein Wachstum erstarren. Unsere Bann-Botschaften lauten etwa: „Du schaffst das nie!" Oder: „Tu das nicht, du bist viel zu dumm dazu", „Ein Junge weint nicht", „Sei perfekt", „Setz dich selbst an die letzte Stelle". Diese Botschaften treiben uns einerseits zu verblüffenden Leistungen an, wie alle Peitschenschläge des Neurotischen. Aber sie enden oft in seelischen Sackgassen. Wir dürfen einen Schatten haben, aber wir müssen ihn erkennen. Sonst hat der Schatten uns.

Auch wenn wir uns in diesem Bericht – und im Gegensatz zu meinen früheren Büchern – auf die

Schätze der Kindheit konzentrieren, so dürfen wir uns über den *Schatten* nicht hinwegheben.

Beatrix erinnert sich: „Der Schatten meiner Kindheit ist das viele (gefühlte) Allein-gelassen-Sein und das Nicht-Wahrnehmen meiner kindlichen Gefühle. Wir als Kinder hatten zu funktionieren. Schule, Kirche, Essen, die Pflichten eben. Freude gab es (gefühlt) wenig." Dennoch gibt es für Beatrix „viele Dinge, die, eingeschlossen wie in ein gut behütetes Kästchen, mich wohl für immer tragen werden, aller sonstigen Unbill zum Trotz." Da waren einmal die Großeltern: „Mein Opa war für das Geldverdienen, den Humor und Zigarrenrauchen zuständig. Oma für den ganzen Rest. Da war so eine Klarheit und Einfachheit drin. Ich wusste als Kind bei den beiden immer, woran ich war. Ich liebte es, die Ferien bei ihnen zu verbringen." Der Garten war eine weitere Quelle der Freude: „Als Kind sah ich, wie viel Spaß meine Eltern beide hatten, wenn sie zusammen im Garten waren. In erster Linie diente er dem Obst- und Gemüseanbau, um die Familie mit frischen Lebensmitteln zu versorgen. Wir Kinder wuchsen in einer Fülle von Vitaminen und Geschmack auf. Wir durften alles immer direkt vom Strauch oder aus der Erde heraus naschen. Frische Möhren, direkt aus der Erde gezogen, Würmer weg, Erde blieb dran, ab in den Mund. So etwas wie Allergien kenne ich bis heute nicht. Himbeeren naschen vom Strauch, bis wir nicht mehr konnten."

Sabine wiederum sagt, dass sie keine Erinnerungen an ihre Kindheit hat. Da gibt es offensichtlich auch nicht viel Schönes zu vermelden. Als das Mädchen zehn Jahre alt war, ließen sich die Eltern scheiden. Der Vater ging fremd, neigte zu Alkohol und Gewalt: „Ich schwanke zwischen Hass und Mitleid, aber ich bin seine Tochter, das kann ich nicht leugnen." Sabine: „Es ist furchtbar. Ich kann mich nicht an meine Geburtstage erinnern. Nicht an irgendeinen verdammten Geburtstag. Nicht mal an meinen 18. Da kommt nix hoch. Kein Gefühl. Nichts. Wie soll ich da Schätze in mir haben? An ein Gespräch zwischen Mutter und Tochter kann ich mich nicht erinnern. Und einen Vater, den ich bewundern würde, den ich womöglich mal geheiratet hätte, wie das kleine Mädchen so sagen, niemals. Wenn ich heute Väter sehe mit ihren Töchtern, egal welchen Alters, so kämpfe ich gegen meine Tränen an. Selbst nach der Scheidung ist mein Vater weiter fremdgegangen. Meine Mutter hat ‚geduldet'. Mein Vater hat sich zwar irgendwann mal entschuldigt, aber für mich ist er nicht mein Vater im Sinne von Vater, von Beschützer und Tröster." Schließlich: „Der Tod meines Bruders mit 21 Jahren hat unsere ‚Familie' nicht zusammengeschweißt, sondern noch mehr entfremdet." Einen späten Trost gab es jedoch für Sabine: „Mit meinen Ex-Schwiegereltern habe ich einen Schatz gefunden. Wenn auch etwas spät, haben sie mir und meinem Sohn gezeigt, wie Familie sein kann. Dafür bin ich sehr dankbar."

„Aus dem Gefängnis der Kindheit", sagt das psychologische Sprichwort, „wird der Kerker des Erwachsenen". Gitta hat es jedoch geschafft, eine lebensfrohe Frau zu werden. Dabei ging sie durch die Hölle: „Mein Vater war sehr streng, so bekam mein Bruder Prügel, wenn er etwas angestellt hatte. Mit mir musste er nur schimpfen, so dass ich vor Angst erstarrte. Wenn mein Vater mich aufforderte, im Schlafzimmer einen Gürtel oder Kleiderbügel zu holen, wusste ich, dass der für meinen Bruder sein sollte. Ich habe mich aber nicht getraut, ihm das Verlangte nicht zu bringen. Einmal sperrte mich mein Vater in einen Keller, von dem ich wusste, dass es dort Ratten, eventuell waren es auch Mäuse, gab. Ich hämmerte an die Tür und sagte immer wieder, dass ich wieder lieb sein wolle, dass er mich doch bitte herausholen soll. Wie lange ich da drin war, kann ich nicht sagen, es hat sich jedoch sehr in meine Erinnerungen eingebrannt. Unsere Mutter war nicht die typische liebende, sorgende Mutter. Ein Geheimnis ist nie bei ihr geblieben, sie hat das Anvertraute sofort unserem Vater erzählt. Das Ergebnis war, dass ich ihr nichts mehr anvertraut habe." Vom Opa lernten Gitta und ihr Bruder Schach und Skat spielen: „Als ich viel später bei der Polizei anfing und im Schichtdienst Skat spielen konnte, waren viele Kollegen überrascht. Ich war stolz und dachte gern an meinen Opa."

Aber auch hier gibt es in der Erinnerung einige schwere Wermutstropfen: „Mein Opa konnte sich mit dem Tod seiner Frau nicht abfinden, so dass er sich ein paar Jahre später das Leben genommen hat. Erst vor einigen Jahren habe ich erfahren, dass mein Opa zumindest eine Tochter sexuell missbraucht hat. Ich höre nur ganz wenig über dieses ‚Tabuthema' der damaligen Zeit. Ob es meine Oma wusste, kann ich nicht sagen. Wie ihre Ehe verlief, weiß ich auch nicht. Ich weiß nur, dass sie mir eine tolle Oma war und mir sehr viel Liebe und Zuwendung geschenkt hat." Die abgöttisch geliebte Oma brachte Gitta das Backen bei: „Sie forderte mich auf, ein Heft zu holen, um ihr Rezept für einen Käsekuchen zu notieren. Das tat ich dann auch und hielt das Datum fest, als ich meinen allerersten Käsekuchen gebacken hatte – am 11. September 1970. Ein historisches Datum!"

Ein schlagender Vater, eine vertrauensunwürdige Mutter – das sind wie in Gittas Fall Kinderkatastrophen, die von der Umgebung nicht bemerkt werden. Nietzsche notiert einmal in *Menschliches, Allzumenschliches*: „Tragödie der Kindheit, wenn edle Menschen ihren härtesten Kampf in der Kindheit zu bestehen haben, gegen Vater oder Mutter." Dass sich Gitta in der innigen Liebe zu ihrem Bruder bis heute geborgen fühlt, werden wir noch in einem späteren Kapitel erfahren.

Richard Fuchs, ein bekannter kritischer Sachbuchautor, schildert in seiner lesenswerten Autobiografie *Gott hat viele Fahrräder. Kindheit in einer evangelikalen Familie im Dritten Reich* (Leipzig 2014) die materielle Armut der Kriegskindheit wie die religiöse Indoktrination: „Warme Socken gab es nicht, sondern kompliziert gewickelte Fußlappen, Blasen und Frostbeulen an den Füßen. Ich hatte Asthma, eine psychosomatische Erkrankung, die wie von allein verschwand, sobald ich der dörflichen Enge entkommen war, fern der Heimat in Düsseldorf. Auslöser für das Asthma waren nicht nur das Dorf, die Bevölkerung, die soziale Kontrolle, die strengen Lehrer, die prügelnden Kinder auf dem Schulhof und die enge Behausung, sondern auch die Enge der religiösen Ausrichtung, verbunden mit einer kapillaren Weltsicht. Da blieb wenig Raum zum Durchatmen."

Vom Vater, dem Reiseprediger der *evangelikalen Christlichen Versammlung* bekam der kleine Richard eingepaukt, dass ihre Glaubenslehre die einzig wahre sei. Die religiöse Enge prägte die Gemeinschaft: „Soweit ich Gläubige in meiner Gemeinde als Kind und Jugendlicher erlebt habe, zeichneten sie sich aus durch Glaubensgewissheit, Unbeirrbarkeit, Linientreue, Pflichtgefühl und Selbstdisziplin, auf der anderen Seite durch Selbstgerechtigkeit, Kontrollzwang, Humorlosigkeit, Sinnen- und Körperfeindlichkeit … Auf Muße, Vergnügen, unterhaltsamen Zeitvertreib oder etwa Luxus wurde verzichtet." Die Drohbotschaft trat an die Stelle der religiösen Frohbotschaft.

Zustimmend zitiert Richard Fuchs den Freiburger Psychoanalytiker Tilman Moser mit seiner berühmt gewordenen Analyse *Gottesvergiftung* (1980). Dieser schildert die Entstehung der *ekklesiogenen Neurose* (als Sohn eines pietistischen Missionars). Den Gott seiner Kindheit greift er so an: „Aber weißt Du, was das Schlimmste ist, das sie mir erzählt haben? Es ist die tückisch ausgestreute Überzeugung, dass Du alles hörst und alles siehst und auch die geheimsten

Gedanken erkennen kannst ... In der Kindheit sieht das dann so aus, dass man sich elend fühlt, weil Du einem lauernd und ohne Pausen des Erbarmens zusiehst und zuhörst und mit Gedankenlesen beschäftigt bist ... Du hattest so viel an mir verboten, dass ich nicht mehr zu lieben war. Deine Bedingungen waren zu hoch für mich."

Was aus dieser *deformation religieuse* resultiert, konstatiert Richard Fuchs mit den Worten: „Ich hatte nicht gelernt, nein zu sagen, zu widersprechen, mich zu wehren, zu diskutieren oder kritisch zu hinterfragen, was Erwachsene sagen. Ich war naiv, sprachlos, weltfremd, uninformiert, war körperlich schwach und hatte Minderwertigkeitskomplexe." Gleichzeitig war dieser Vater von sieben Kindern und missionarisch engagierter *Reisebruder* ein Multitalent: „Dieser hatte zwar Kaufmann gelernt, mit siebzehn gezwungenermaßen das Kriegshandwerk, konnte allerdings auch malen und zeichnen, Beiträge und Gedichte schreiben, die Bibel und Fahrpläne studieren, viele Bibelstellen auswendig zitieren, Vorträge ausarbeiten und halten, schreinern, Holz bearbeiten und mit dekorativer Brandmalerei verzieren. Er konnte lackieren, Puppenmöbel und ein Bauernhaus mit Tieren bauen, später in Breitscheid Land urbar machen, Kinder zeugen und sie im Geiste der Bibel erziehen."

Der „Reisebruder" hatte dank seines Amtes einen hohen Status: „Er saß immer in der ersten Reihe oder stand am Rednerpult, hatte etwas zu sagen, ein großes Ansehen, weil er im *Dienste des Herrn* unterwegs war, gewissermaßen als verlängerter Arm der höchsten Instanz. Ich war stolz auf ihn, sonnte mich ein wenig im Glanz seiner Popularität. *Imagetransfer* nennt man das heute, wenn ein wenig Bedeutender in der Nähe eines Bedeutenden ein wenig Glanz abkriegt. Das verschaffte zwar ein gutes Gefühl, kaufen konnte man dafür aber nichts."

Was sind jedoch unsere privaten Tragödien gegen den Schatten des Holocaust in unserem Land. Anne Frank hoffte in ihrem Tagebuch: „Einmal wird dieser schreckliche Krieg doch aufhören, einmal werden wir auch wieder Menschen und nicht allein Juden sein." Sie erlebte den Tag der Befreiung nicht, sondern starb wenige Wochen, bevor die englischen Soldaten das Konzentrationslager Bergen-Belsen befreiten, fünfzehnjährig am Typhus.

Hildegard Hamm-Brücher, die große Demokratin, erlebte private und politische Bedrängung. Im *Magazin* der Süddeutschen Zeitung (10/2012) berichtete die 1921 in Essen geborene „Halbjüdin" und promovierte Chemikerin von ihrem Leid: „Als mein Vater an einem eitrigen Blinddarm starb, war ich zehn. Ein Jahr später starb meine Mutter an einem Tumor, es war ein schmerzhafter und qualvoller Tod. Es hat lange gedauert, bis ich diesen Einschnitt in meinem Kinderleben wirklich begriffen habe." Brach sie zusammen? Hamm-Brücher: „Als Älteste von fünf Geschwistern musste ich sofort funktionieren. Ich weiß noch, dass ich die naive Vorstellung hatte, dass meine Eltern vom Himmel aus zuschauen, ob ich meine Sache gut mache."

Hildegard Hamm-Brücher überlebte, weil ihr Doktorvater sie vor den Verfolgungen der Nazis schützte. Trotzdem wurde sie diskriminiert: „Auf einmal wurde ich nicht mehr zu den Schwimmwettkämpfen zugelassen, obwohl ich immer eine sehr gute Schwimmerin gewesen war. Auch ins Schullandheim durfte ich nicht mehr mit. 1942 nahm sich meine Oma dann das Leben. Sie sollte nach Theresienstadt deportiert werden. Dabei konnte sie nur noch mit zwei Stöcken gehen und sich nicht mal mehr selbstständig an- und ausziehen. Der Selbstmord meiner Oma und die Hinrichtung der Studenten der Weißen Rose haben mich zu dem Vorsatz geführt, dass ich, sollte ich diesen Irrsinn überleben, mein Leben lang dafür kämpfen würde, dass so etwas nicht mehr passieren kann."

Auch der Schatten der deutschen Geschichte kann Jahrzehnte später noch über uns fallen. Die Kölner Journalistin Sabine Bode hat in ihre Triologie *Die vergessene Generation, Nachkriegskinder, Kriegsenkel* das kollektive Angstsyndrom dreier Generationen dokumentiert. Ich selbst erlebte in einer von mir geleiteten Selbsterfahrungsgruppe eine Retraumatisierung, das Aufbrechen einer historischen Wunde.

Es ging in der Sitzung um das Thema des „inneren Kindes" und seiner Verletzungen. Frieder, ein neunundsechzigjähriger Mann, schien mir sehr bedürftig. Also drückte ich ihm in einer spontanen therapeutischen Intervention einen Teddy aus meiner Praxis in die Arme. Unvermutet fiel Frieder in heftiges Schluchzen. Er geriet in Schnappatmung. Er konnte eine Zeitlang nicht mehr sprechen. Als die Gruppe und ich ihn in die Arme nahmen und beruhigten, brach die schmerzhafte, seine Dekompensation auslösende Kindheitserinnerung aus. Frieder berichtete uns: „Als die Royal Airforce im Juli 1943 in ihrer ‚Operation Gomorrha' Hamburg flächenmäßig bombardierte, drängte meine Mutter mich und meine Schwester, schnell die Wohnung zu verlassen, um in den Luftschutzkeller zu flüchten. Ich zögerte, weil ich noch meinen Teddy holen wollte. Doch meine Mutter riss mich fort. Als wir nach dem Angriff aus dem Keller kletterten, stand unser Haus nicht mehr und ganze Straßenzüge brannten von den Phosphorbomben. Das interessierte mich nicht. Ich schrie nur immer wieder: ,Ich will meinen Teddy haben!' Meine Mutter erzählte mir später, ich hätte ein Jahr um ihn getrauert."

Wenn ich am Anfang dieses Buches die guten Ressourcen, also Quellen meiner eigenen Kindheit, dankbar gerühmt habe, so kann ich doch, wenn ich ehrlich bleiben will, ihren Schatten nicht ignorieren. Scheidungskinder, wie meine Geschwister und ich, sind fast immer geschädigt. Das spricht nicht grundsätzlich gegen die Trennung von Eltern, vor allem wenn ihre Ehe beim besten Willen nicht mehr lebbar ist. Aber eine Scheidung sollte eine achtsame, verantwortungsvolle Elternschaft enthalten. Das habe ich in meinem Schmerzensbuch *Trennung als Aufbruch* beschrieben.

Viel eigenes Biografisches kommt mir beim Thema „Schatten in der Kindheit" hoch, auch wenn ich es in meinen Therapien und in der Lehranalyse bearbeitet und mich damit versöhnt habe: Die Scheidung meiner Eltern, als ich sieben Jahre alt war. Der Weggang meiner beiden älteren Brüder ins Internat. Meine eigenen Internatsjahre vom zehnten bis zum siebzehnten Lebensjahr. Da verboten die Jesuiten mir, meine älteren Brüder Albert und Christoph zu besuchen. Die Präfekten warnten vor „familiärer Zellenbildung", also möglichen brüderlichen Widerstandsgesten gegen das totalitäre klerikale Regime. Es war für mich ein galaktisch kalter, frauenloser Jesuitenknast der Einsamkeit, der Minderwertigkeitskomplexe und der Wunde des Ungeliebtseins. Da war Groll auf die Ärztemutter, die mir und meinen beiden Brüdern das Kolleg zumutete, Zorn auf den Vater, der sich kaum um uns Kinder kümmerte.

Ich wurde, wie beide Brüder, mangels familiärer Betreuung zum Schulversager. Tief drinnen in meiner Seele hielt ich mich nicht für liebens- und lebenswert. Als ich beim ersten Anlauf das Abitur nicht schaffte, unternahm ich einen – hilflosen – Suizidversuch. Es war nicht der erste unter uns Geschwistern. Gleichwohl habe ich, wie bereits beschrieben, von meinen Eltern vieles abgeschaut: Bildung, Lebensneugier, Fleiß, Pünktlichkeit, Arbeitsethos, antifaschistische Gesinnung, positives Helfertum, Tierliebe, geistige Neugier und vieles andere. Als positiv erwies sich trotz aller Schmach, dass die Jesuiten, als ich siebzehn war, gegen mich ein *consilium abeundi*, einen Hinauswurf, aussprachen, und ich, im Gegensatz zu meinen Brüdern, zurück in mein Mutterhaus in Konstanz durfte. Dort genoss ich das ärztliche Engagement meiner gescheiten und engagierten Mutter, die Lieblichkeit des Bodensees, unsere Neufundländer – Nachfolger des unvergesslichen Gentleman – und meine ersten pulstreibenden Liebschaften.

Doch das ist *meine* Wahrheit. Als ich meinen geliebten Bruder Christoph bat, mir Schätze aus seiner Kindheit für dieses Buch beizusteuern, machte er mich mit *seiner* unbequemen Wahrheit vertraut. Ich muss sie in ihrer Bitterkeit akzeptieren. Der begnadete langjährige Kinderarzt bestätigt mir zunächst: „Gottlob habe ich in meiner Praxis und dem Kontakt mit den zahllosen Kindern jeglichen Alters unglaublich viele Schätze sehen können. Und diese haben mir auch jene Hoffnung bestätigt, die ich vor Beginn meiner Berufswahl angelegt hatte. Ich brauche Dir diese unzähligen Schätze ja wohl nicht im Einzelnen aufzuzählen. Sie sind in normalen Primärerwartungen, die ein Kind, wenn es in redlichen Verhältnissen gezeugt und geboren wird, vorfinden sollte und oft auch bestätigt bekommt. Und die sein Leben lang vorhalten und seine Beschaffenheit und Persönlichkeit färben und ausmachen, und die es so weitergeben möchte. Gottlob." Kontrapunktisch merkt der erfahrene Pädiater an: „Ich habe aber auch herausgefunden, dass der ganze Körper, die ganze Seele, das ganze Gemüt und der ganze Intellekt eines Kindes eingefasst sind von einer Unzahl von Sollbruchstellen, die geknickt oder gebrochen werden können."

Natürlich sieht mein Bruder auch die gemeinsamen Schätze: „Es sind allein die im Garten mit uns Geschwistern verspielten ersten Lebensjahre, der gemeinsame Schlaf in den Kinderbetten und die Mahlzeiten am Küchentisch." Nicht zu vergessen: „Tante Hella, die für die Beständigkeit ihrer Liebe den Schutz aller Engel genießen möge."

Das ist nicht wenig, aber zu wenig, registriert mein Bruder Christoph. Er nennt sechs gravierende „Sollbruchstellen", vor allem in der Kindheit und der Jugend von uns Brüdern (unsere Schwester hatte es mit der innerlich vereinsamten Mutter, die nie wieder heiratete, ebenfalls schwer). Er listet auf: „Was hat Vater, was Mutter an Liebe und Zärtlichkeit aufgeboten? Hat sie uns angeleitet, uns mit Erzählungen oder Geschichten versehen? Sind wir ins Leben der Eltern eingedrungen? Konnten sie uns trösten? War die Einschulung begleitet, wurde sie uns erklärt oder überwacht? Ein Übergang ins Gymnasium ohne ausreichende Schulbildung, ohne ausreichende Kenntnisse, ohne nennenswerte Hilfestellung: Im Gymnasium dann logisches Versagen. Dann unbefragt und schockartig die Vertreibung ins Internat St. Blasien. Ohne Information, ohne Vorwarnung, ohne liebevolle Überwachung, ohne Erklärung. Die rigide Überstellung in fassungslose Verzweiflung und Vereinsamung. Verweigerte Hilfestellung. Trostlos. Zum Weinen. Eine nicht eigentlich hinterfragte Seelennot des auf dem Komposthaufen des Lebens gelandeten Kindes. Eine Lernverweigerung aus Not, umfunktioniert in den Vorwurf der Faulheit.

Eine Kriminalisierung der Vaterrolle, ohne Versuche einer Einschränkung oder Relativierung. Eine wiederum kommentarlose Verfrachtung in das Feldkircher Folgeinternat, ohne Vorbereitung, ohne Hilfestellung. Alle Versuche, sich dort schulisch aufzurappeln, gänzlich ohne Hilfestellung oder Nachhilfe. Versteckte und offene Vorwürfe, immer nur an das Kind, nie an die äußeren Begleitumstände in der Familie und im Internat. Die Liederlichkeit einer armseligen Feriengestaltung. Die unkommentierten Ferienarbeiten, die kalten Abschiede ins Internat danach. Die Duldung der geschwisterlichen Entfremdung bis hin zu deren Selbsttötungsversuchen. Das Elend der Schulferien, die unbegleitete Pubertät, das ständig vorhandene schlechte Gewissen, überhaupt existent zu sein. Die stetige Bewusstseinswerdung von persönlicher Minderwertigkeit und Versagen. Das alleinige Aushalten der schulischen Mittelmäßigkeit, des Sitzenbleibens."

Selbst die „inneren Schätze" im Internat, die mein Bruder Christoph anführt, sind von Trauer imprägniert: „Das Kopfkissen im Bett, in das man hineinweinen durfte, die Dunkelheit und Stille der Hauskapelle in der Pause vor dem Schlafengehen, die nächtliche Tarnkappe des Bettes, der Freund, der auch Heimweh hatte, die wärmenden Träume, die die Defizite der Tage auszugleichen hatten; oder die Hoffnungen auf die Zeit nach der Kindheit." Ja, an diese verzweifelten Hoffnungen erinnere ich mich auch. In den einsamen Nächten in der Kolleg-Kaserne träumte ich, nach Art eines Batmans über die Zäune der pädagogischen Zuchtanstalt zu schweben und in ein sonniges Utopia der Liebe zu fliegen.

Ich bin Dir, lieber Bruder, dankbar für die gnadenlos genaue Darstellung Deiner Kindheit. Ebenso dankbar bin ich, dass ich als „Nesthäkchen" ein Leben lang Deine Anteilnahme und Deinen Schutz erfahren durfte. Im Internat mit seinem Schlangenfraß hast Du mich, wenn ich Dich heimlich besuchte, mit warmen Toastbroten und leicht ranziger Butter getröstet. Wie Du den Toaster in den Knast geschmuggelt hast, ist mir heute noch ein Rätsel. Du hast aus Deinem beruflichen und privaten Leben mit Frau, drei Kindern und elf Enkeln so beneidenswert viel gemacht! Habe ich Dir deutlich genug zu verstehen gegeben, wie viel Du mir bedeutest? Dass Du mich mein Leben lang fürsorglich, ja beschützend und teilnehmend begleitest?

Dass es Kindern nach einem schlechten Start trotzdem gelingen kann, ein starkes Ich zu gewinnen und nicht asozial zu werden, belegen das Leben und die Literatur seit Jahrtausenden. Parsifal, ein Kind aus der Wildnis, wird König des Heiligen Grals. Der Waisenjunge Harry Potter, von seiner Stieffamilie schikaniert, besiegt am Ende das Böse, weil er seine ermordeten Eltern als gute Instanzen in seinem Herzen bewahrt. Vaterlose Söhne, wie die Politiker Willy Brandt, Gerhard Schröder, der frühere US-Präsident Bill Clinton, Arnold Schwarzenegger, oder große Künstler, Musiker und Schauspieler, wie Eric Clapton, Jack Nicholson und die Hollywood-Legende Greta Garbo, gewannen einem steinigen familiären Grund dennoch Karrieren und ein erfülltes Leben ab.

Diese Chance des schöpferischen Ichs bestätigt auch die Neurophysiologie. Unser Ich ist plastizierbar. Je mehr unsere Nervenzellen unter den Reizen der Außenwelt und der geistigen Anstrengungen gemeinsam feuern, verbinden sie sich symphonisch. Am Ende steht über dem millionenfachen Spiel der Synapsen die Standleitung der neuen Bewusstseinsfähigkeit und Persönlichkeit. Gehirnforscher nennen dieses Phänomen *Neuroplastizität*. Die Denk- und Sprechweise des Ichs ist meist durch die Prägungen des Elternhauses bedingt. Aber der Weg zum Ich führt allein und ausschließlich über den Alpenpass der Liebe. Wer sich selbst nicht lieben kann, wird auch einen anderen Menschen letztlich nicht lieben können. Denn auf Grund seiner Selbstentfremdung kann er an dessen Liebe nicht glauben. Das kranke Ich wird durch die Selbstliebe gesund.

Das ist der Weg vom Schatten zum Licht. Friedrich Schiller sagt es in *Wilhelm Tell* poetisch so: „Alle Wesen leben vom Lichte, jedes glückliche Geschöpf, die Pflanze selbst kehrt freudig sich zum Licht."

„Meine Mutter hat vielen anderen geholfen"

Mutterliebe ist mit der Liebe des Künstlers zu seinem Werk zu vergleichen.

Friedrich Nietzsche
Die fröhliche Wissenschaft

Wenn unsere Mutter uns geliebt hat, gab sie uns das Geschenk des *Urvertrauens* in die Welt und die Gabe eigener Liebesfähigkeit. Die Liebe ist im Regelfall das mit unendlicher Aufopferung verwaltete Ressort der Mütter. Ich staune immer wieder, mit welcher Engelsgeduld und Hingabe junge Mütter ihre oftmals „kleinen Terroristen" aushalten, hegen und pflegen. Kaum etwas anderes beeinflusst so unser Ich wie die Mutter. Der Dichter Friedrich Hebbel (1813–1863) beschrieb diese Dialektik von Mutter und Kind ebenso dankbar wie poetisch: „So dir im Auge wundersam / Sah ich mich selbst entstehen." Die Malerin Paula Modersohn-Becker (1876–1907) schrieb ihrer Mutter schlicht und zart: „Ich lege meinen Kopf in Deinen Schoß, aus welchem ich hervorgegangen bin, und danke Dir für mein Leben. Dein Kind."

Der Philosoph Ludwig Feuerbach (1804–1872) postuliert in seinem Jahrhundertwerk *Das Wesen des Christentums* deutlich: „Die höchste und tiefste Liebe ist die Mutterliebe. Wen immer wir im Leben lieben, wir suchen dabei die ursprüngliche paradiesische Verschmelzung mit der Mutter. Sie ist jedoch nicht wiederholbar." Die Mutterliebe ist gleichsam die platonische Idee der Liebe – welche uns Erwachsene beschwingt. Oft scheitern wir an diesem Ideal. Alles Ursprüngliche im Kind ist mit dem Mutterbild verschmolzen. Die seelische Atmosphäre der Mutter imprägniert gleichsam das Ich der Tochter oder des Sohnes. Die Mutter ist in einem tiefen mythischen Sinn der spendende Urgrund des Lebens. Nicht umsonst sprechen wir von „Mutter Erde".

Goethe bekundete dies am 10. Januar 1830 seinem Vertrauten Eckermann mit den ehrfurchtsvollen Worten: „Die ewige Metamorphose des irdischen Daseins, des Entstehens und Wachsens, des Zerstörens und Wiederbildens ist also der Mütter nie aufhörende Beschäftigung. Und wie nun bei allem, was auf der Erde durch Fortzeugung ein neues Leben erhält, das Weibliche hauptsächlich wirksam ist, so werden die schaffenden Gottheiten mit Recht weiblich gedacht, und es mag der ehrwürdige Name ihnen nicht ohne Grund beigelegt werden." Die Mutter ist der einzige Mensch auf der Welt, der schon liebt, bevor er dich kennt.

Walter, heute über achtzig, erinnert sich an die wunderschöne Natur der Pfalz, seiner Heimatlandschaft. Er war ein Kriegskind und lebte „mit Fliegeralarm, schlimmen Bombennächten und Zerstörung. Ein Leben in Angst im Luftschutzbunker." Die Mutter agierte jedoch wie die mittelalterliche Schirmmantelmadonna: „Sie war eine liebevolle, warmherzige Frau, die ich und auch meine Familie, die ich gegründet habe, nie vergessen werden. Sie war ja auch alleinerziehende Mutter, als der Vater Soldat und in Gefangenschaft war. So eine Mutter gibt einem Halt im Leben."

Mit Hannah betritt man gleichsam Ali Babas Schatzhöhle. Sie lebte mit den Eltern, einem Großvater, einer Tante und drei Geschwistern auf einem kleinen Bauernhof. Da gab es zwei Kühe, ein Kälbchen, ein Schwein, Hühner, einen Garten und eine große Wiese: „Meine Mutter war eine fleißige Hausfrau.

Sie arbeitete bis in die Nacht hinein. Sie legte viel Wert auf Sauberkeit. In ihrer Jugendzeit hatte sie im Haushalt bei reichen Leuten im Krieg in der Stadt gearbeitet. Meine Mutter war trotz der vielen Arbeit im Haus, Stall und Garten immer für mich und meine Geschwister erreichbar. Hatte ich Kummer, so verstand sie es, mich zu trösten. Sie hat mich als Kind schon ernst genommen."

Welchem kleinen Mädchen würde das Herz nicht höher schlagen bei solch einer Mutter: „Meine Mutter kleidete sich gern modern. Sie fuhr gerne in die Stadt zum Kaufen. Sie kaufte Kleidung und Schuhe für die ganze Familie. Auch ging sie gerne ins Café, das war für sie ein Hochgenuss. Sie tanzte gerne und wenn sie gut gelaunt war, sang sie auch alte Volkslieder. Handarbeit machte sie auch gerne, und sie bastelte für uns Kinder auch die Spielsachen. Einmal hatte sie mir aus einem Schuhkarton eine kleine Puppenstube gebastelt. Das war mein schönstes Weihnachtsgeschenk. Diese Puppenstube nahm ich sogar zum Kühehüten mit. Als Kind wollte ich Hausfrau werden wie meine Mutter. So gut backen können wie sie. Für mich war sie die beste Köchin der Welt. Ich glaube, sie hat alles, was sie tat, mit Liebe gemacht. Darum gelang es ihr auch so gut. Sie war mein großes Vorbild, und ich liebte sie über alles."

Jenny rühmt ihre Mutter begeistert: „Meine Mama hat wunderschöne Kleider für mich genäht und sie war eine fantastische Köchin, ein tierlieber Mensch und die beste Mutter, die man sich vorstellen kann – liebevoll, einfühlsam, geduldig, motivierend, humorvoll, hilfsbereit, kreativ. Sie hat mich zu Handarbeiten, Flötespielen und Lesen angeleitet und mir viele gute Werte vermittelt. Sie war die gute Fee mit zauberhafter Weihnacht, Ostern, Geburtstag …" Mamas Tierliebe war konkret: „Ich wurde von Hunden, Hängebauchschweinen, Hasen bis Ziegen flankiert – viele schöne Erinnerungen, Hebamme, als die Welpen an Weihnachten kamen – Rabe aufgezogen, der aus dem Nest gefallen. Das war unser Mäxchen-Sommer. Er war so zahm und kam auf Zuruf."

Die Tochter einer guten Mutter wird meist auch die gute Mutter ihrer Kinder. Das gilt sicher für Mia. Sie erinnert sich: „Aufgewachsen bin ich in einer kleinen Ortschaft auf dem Lande in Oberbayern, wo ich heute noch lebe und wo ‚die Welt noch in Ordnung' ist. Meine Eltern hatten ein eigenes Haus am Ortsrand mit viel ‚Freilauf' für uns vier Töchter und einen Hund. Meine Mama ist eine sehr liebe und fürsorgliche Frau, die uns Kinder sehr verwöhnt, jedoch nicht verhätschelt hat. Ich habe es geliebt, dass sie immer für uns da war und auch heute noch ist. Sie hatte immer ein offenes Ohr für unsere Freuden und Sorgen. Das habe ich mir von ihr abgeschaut und habe versucht, auch für meine beiden Kinder (inzwischen zwanzig und vierundzwanzig Jahre) immer da zu sein. Von ihr habe ich wohl die Offenheit, die große Empathie und die Sparsamkeit." Die Mutter als Vorbild.

Diplomatie ist oft eine Sache der Mütter. Maries Mutter, 1928 geboren und in der Landwirtschaft aufgewachsen, kümmerte sich aufmerksam um die Kinder: „Sie stand unter dem Kommando unseres Vaters. Aber sie hat viele Sachen, die für uns wichtig waren und die wir vielleicht nach Meinung des Vaters nicht gedurft hätten (wie zum Beispiel mit Freunden zelten im Alter von dreizehn oder irgendwelche Alleingänge), diplomatisch mit dem alten Herrn geregelt, so dass er immer noch das Oberhaupt blieb. Sie hat mit uns Vokabeln gepaukt und trotz ihrer Berufstätigkeit versucht, alles hinzukriegen. … Irgendwann fehlte vor Weihnachten meine Puppe. Das Geschenk war dann, dass meine Mutter ihr neue Sachen genäht hatte und ich sie zu Weihnachten wiederbekam."

Sinn fürs Praktische, die Liebe zur Musik, Verständnis, Aufmerksamkeit und Hilfsbereitschaft für die

Mitmenschen fand Anita bei ihrer Mutter, auch Humor, Sinn für Situationskomik und Fleiß. Zu ihren schönsten Kindheitserlebnissen zählten „die von meiner Mutter wunderbar gestalteten Geburtstagsfeiern für mich und meine Schwestern! Die Adventszeit und Weihnachten wurden durch das Wirken meiner Mutter (Backen, Musizieren und die vielen spannenden Heimlichkeiten) immer zu etwas ganz Besonderem. Ich war sehr stolz, als mich meine Mutter mit in den Kirchenchor nahm, wo ich mit circa fünfzehn Jahren neben ihr saß und bei jeder Chorprobe von ihrer hellen, klaren wunderschönen Stimme beeindruckt war. Meine Eltern leben beide nicht mehr, aber ich denke bei jeder Chorprobe an meine Mutter. Ich werde, solange es geht, weitersingen, auch für meine Mutter."

Wieland ist in Sachsen aufgewachsen: „Ich hatte eine normale, sehr schöne Kindheit in der DDR. Mutter war die ersten Jahre zuhause und hat sich liebenswert um uns gesorgt. Das war gut so. Ich bin ihr dafür dankbar. Sie war gesellschaftlich aktiv und somit über unsere schulischen Dinge bestens informiert. Als ich neun Jahre alt war, ging Mutti arbeiten. Sie qualifizierte sich und war in einer Gärtnerei tätig. In dieser Zeit waren meine Pflichten zu Hause etwas größer geworden. An den Aufgaben wächst man, so sehe ich es. Das jährliche Stollenbacken mit meiner Mutter ist auch so ein Schatz meiner Kindheit. Zuhause wurde der Teig für zehn Stollen je vier Pfund vorbereitet, über einen Kilometer mit dem Handwagen in eine Bäckerei gebracht zwecks Backen und am nächsten Tag abgeholt. Dieses Ritual der Stollenbäckerei und den Geschmack vergisst man nicht. Diese liebevolle Kindheit hat mir all das gegeben, um mein Studium im Ausland zu schaffen, eine eigene liebevolle Familie zu haben und eine interessante Arbeitswelt zu meistern. Danke für diese meine Schätze der Kindheit."

Trotz eines traumatischen Kindheitserlebnisses wurde Gerhilds Mutter eine lebensbejahende Frau: „Meine Mutter, Jahrgang 1913, war eine ruhige, häusliche und korpulente Frau, geknickt durch einen Missbrauch. Sie wagte es nicht oft, meinem autoritären Vater zu widersprechen. Aber sie hieß Gäste immer willkommen. Ich durfte jede Spielkameraden/in mit nach Hause bringen, zum Spielen sowieso, zum Lernen später, auch zum Essen. Sie hat wunderbare, mir unvergessliche Kindergeburtstage und Verwandteneinladungen mit opulentem Essen organisiert. Ihre offene Gastlichkeit ist ein kostbares Gut, das ich mitbekommen habe und das ich gerne und bewusst weiter praktiziere. Sie hat oft Verwandte und Freunde eingeladen, tolle Torten und Kuchen gebacken, gutes Essen zubereitet. Das mache ich ebenfalls gern und habe glücklicherweise einen Ehemann, der das gerne mitmacht (das war in meiner ersten Ehe anders)."

Wie in Gottfried Kellers Novelle *Frau Regel Amrain und ihr Jüngster* (1873) war Gerhild auch jenseits der Familie aktiv: „Meine Mutter war immer sozial engagiert und hat vielen anderen geholfen. Dieses soziale Engagement haben sowohl mein Bruder als auch ich geerbt, wenn wir es auch heute anders praktizieren. Er engagiert sich in Kirchengemeinde und Partei, ich in Bürgerinitiative und Verein (Chor). Die Einsicht und das Bedürfnis, draußen in der Welt anzupacken, haben wir sicher von unserer Mutter geerbt und vorgelebt bekommen. Ganz sicher haben uns meine Mutter (und auch der Vater) die evangelische Religion und die Kirche nahegebracht. Dass ich heute ein gläubiger Mensch – allerdings außerhalb der organisierten Kirchen – bin, ist zwar im Wesentlichen meinen eigenen, schon sehr frühen Bemühungen zuzuschreiben, wurde aber von den Eltern unterstützt."

In der DDR wuchs auch Uli auf (heute lebt er im Rheinland): „Meine Mutter war eine kleine, sehr lebensfrohe Frau, die überall beliebt war. Sie war ausgesprochen fröhlich, belesen, an Kunst und Kultur interessiert. Sie stammte aus einer großen Familie und litt sehr darunter, dass ihr Vater nicht aus dem Krieg zurückkehrte. Mein Großvater hatte ein Taxiunternehmen. Nach dem Krieg wurden alle Fahrzeuge von den Russen abgeholt. Meine Großmutter musste vier kleine Kinder allein aufziehen. Für eine höhere Schule war kein Geld vorhanden. Dazu kam, dass meine Mutter keine ‚Geschäftstochter' mehr war, und ihr damaliger Verlobter musste die Verlobung lösen. Meine Mutter sang später im Chor und spielte im Laientheater, wo sie auch meinen Vater kennen lernte. Beide waren sehr tierlieb. Meine Mutter erzählte mir, dass sie mehr Tiere im Puppenwagen hatte als Puppen."

Das war wohl ein Fingerzeig des Schicksals – Uli ist heute ein erfolgreicher Tierarzt mit einem großen Herzen für alle Tiere, seien es Hunde, Katzen, Pferde oder sogar Reptilien. Mit dieser Mutter war gut zu leben: „In den ersten Jahren meiner Kindheit betreute mich meine Mutter zu Hause. Sie bastelte viel mit mir, es wurde viel gesungen, vorgelesen, gebacken. Bei uns gab es keine Spülmaschine, sondern wir halfen alle in der Küche, und beim Abwaschen wurde gesungen."

So viel heilige Mutterliebe hat denn auch nicht selten ihren Schatten. Als Ulis Vater, ein Fremdgänger, sich das Leben nahm, musste der einundzwanzigjährige Sohn über Nacht viele Entscheidungen für die Familie treffen: „Mein Bruder war fünfzehn Jahre alt, und meine Mutter klammerte sich sehr an mich. Mir war klar, dass ich mich um sie kümmern musste. … Das zog sich letztlich durch mein ganzes Leben. Ich musste mich immer um andere kümmern und lernte nie, was ich selber mochte. Erst später merkte ich den subtilen Druck, der dadurch entstand. Meine Mutter sendete oft Signale aus, und ich sprang und kümmerte mich. Natürlich tat ich das auch in ihren letzten Monaten, nachdem ich von der Diagnose Hirntumor erfuhr. Mein Bruder war immer weit weg in Berlin. Seit ihrer Beerdigung hat er nie wieder das Grab besucht oder Blumen geschickt. Er wusste immer, dass ich schon alles tun würde. Ich richtete mich immer nach den anderen und wollte stets alles gut machen." Wie warnt der Dramatiker Heinar Kipphardt in seinem minimalistischen Gedicht *Die Mutter*: „Die Mutter ist eine Milch/eine schön warme./Aber in der man ertrinkt."

Gute Mütter leben in uns weiter. Maria, eine lebenstüchtige Friseurmeisterin, fünfzig Jahre alt, verheiratet, Mutter von zwei Kindern, berichtete mir in

einer Sitzung: „Meine Kindheit war nicht einfach. Meine Mutter starb, als ich acht war, an Krebs. Ich habe sie so geliebt. Sie war das Liebste in meinem Leben. Das letzte Jahr mit ihr ist mir besonders in Erinnerung. Sie lag meistens im Bett. Sie hat mir noch bis wenige Tage vor ihrem Tod Märchen und Geschichten vorgelesen. Ich habe mich viel an sie gekuschelt, und sie küsste mich oft. Als ihr Tod nahte, erzählte sie mir vom Himmel, um mich zu trösten. Es sei sehr schön dort. Sie werde mich von einer Wolke aus im Auge behalten, mich beschützen und mir immer gute Gedanken einflößen. Dieses gute Bild und die Liebe meiner Mutter haben mich über die schlimmsten Jahre danach gerettet. Beides trägt mich, obwohl ich heute erwachsen und selbst Mutter bin, immer noch. Die Stiefmutter, die mein Vater ein Jahr später nach Hause brachte, hat mir die Hölle heiß gemacht. Sie war eifersüchtig auf die erste Frau. Außerdem sah ich meiner Mutter so ähnlich. Da mein Vater viel beruflich unterwegs war, konnte er mir wenig beistehen. Immer wenn es mir besonders dreckig ging, lief ich auf den Friedhof zum Grab meiner Mutter und schüttete ihr mein Herz aus. Dann kehrte ich irgendwie getröstet wieder zurück."
Wer erinnerte sich da nicht an das Märchen *Aschenputtel* und die Liebe der toten Mutter aus dem Grab heraus.

Manche problematischen Lebensbedingungen zeigen im Erwachsenenalter auch eine positive Seite. Ella, eine Spitzenkraft in einer Behörde, erinnert sich an diese Zwiespältigkeit. Positiv: „Ich bin in einem Elternhaus aufgewachsen, das seitens meiner Mutter durch sehr viel Liebe, Wärme und Geborgenheit geprägt war. Unsere Mutter hat uns zu sozial kompetenten, einfühlsamen und liebevollen Menschen erzogen." Negativ: „Mein Vater konnte seine Gefühle eher nicht zeigen und keine Nähe leben. Obwohl ich mein Leben nie mit einem Mann teilen wollte, der so ist wie mein Vater, habe ich dennoch eine solche Wahl getroffen und bin nicht glücklich damit geworden." Ellas Ehemann hat sich das Leben genommen. Sie war verstört, hat abgrundtief getrauert und einen beeindruckenden Weg in die Selbstheilung gewagt.

Was ihr Elternhaus angeht, blickt Ella realistisch zurück: „Unsere Eltern wollten, dass wir es im Leben einfacher haben sollten als sie. Sie ermöglichten uns höhere Schule und Studium, förderten Ehrgeiz, Zielstrebigkeit und Disziplin bei uns und waren stolz auf das, was wir erreichten." Aber: „Als Ältere musste ich früh die Aufgaben eines Erwachsenen übernehmen, durfte nicht mehr Kind und musste immer Vorbild sein. Ich musste gegenüber meiner Schwester immer nachgeben. Vieles, was ich gerne getan hätte, wurde verboten, und bei allem, was ich tat, musste ich immer die Beste sein, so dass ich glaubte, nur so könne ich Liebe und Anerkennung bekommen. Ich entwickelte einen Hang zum Perfektionismus." Schließlich jedoch: „Erst jetzt, als ich die größte Krise meines Lebens bewältigen musste (den Suizid des Mannes – M. J.), wurde mir bewusst, wie sehr mich gerade auch dieser Teil der Erziehung meiner Mutter, den ich immer als negativ erlebt hatte, geformt hat, und mir diese Werte meiner Kindheit in der schmerzlichen Lebenssituation hilfreich waren."

Können wir eine Mutter schätzen, die in den Suizid gegangen ist, oder vernichtet uns der Schmerz? Der hinreißende Komiker, Schauspieler und Autor Hape Kerkeling gibt uns in seinem bewegenden Kindheitsbericht *Der Junge muss an die frische Luft* (2014) eine Antwort darauf. Es ist ein unsentimentaler und warmherziger Ruhrpottbericht. Seine Mutter hatte durch eine misslungene Operation den Geschmackssinn verloren. Sie fiel in eine nicht enden wollende Depression und brachte sich mit einer Überdosis Barbituraten um. Der kleine Hape litt wie ein Hund und hätte ohne seine resolute Oma Bertha wohl kaum überlebt („Die Welt ist kaputt? Na und! Dann baut meine Großmutter eben eine neue auf. Sie jammert kurz, beißt dann die Zähne fest zusammen, und kocht mit Hingabe ihre berühmten Rouladen."). Inzwischen hat der Künstler sein frühes Leid seelisch durchgearbeitet und die Schätze seiner Kindheit geborgen.

Hape (eigentlich Hans-Peter) Kerkeling resümiert: „Erst heute, als Erwachsener, kann ich mich auch an das Banale, Selbstverständliche und damit auch an das Schöne im Leben mit meiner Mutter erinnern. Es sind Erinnerungen an eine ‚normale', an eine gesunde und unternehmungslustige Mutter. Dann hebt zum Beispiel meine Mutter in Arbeitskittel und Gummistiefeln in ihrem alten Garten ein Beet aus und trällert dabei einen Schlager. Hinter ihrem Rücken habe ich, der Fünfjährige, heimlich mein Meerschweinchen Mucki aus seinem Käfig befreit. Von hinten schleiche ich mich an meine abgelenkte Mutter heran und lasse Mucki direkt unter ihren Beinen frei. Meine Mutter schreit wie am Spieß und hüpft mit einem riesigen Satz auf die Seite: ‚Iiiih, was ist das? Eine Ratte … eine riesige Ratte!' Ich schütte mich vor Lachen aus und schreie: ‚Mama, das ist doch Mucki!'. Und meine Mutter schaut mich mit gespielter Wut an, fängt laut an zu lachen und ruft: ‚Na warte, wenn ich dich kriege!'. Sie läuft los, kriegt mich auf dem Rasen unter der Wäscheleine zu fassen, beugt sich über mich und giggelt albern: ‚Jetzt habe ich dich! Und was mache ich wohl mit dir?' Ich erstarre vor gespieltem Schreck, verkrampfe mich, schließe die Augen und brülle: ‚Nein, Mama, bitte nicht … Alles, aber bitte nicht auskitzeln!' Da fällt sie aber schon vergnügt über mich her, und wir rollen unverschämt laut quietschend über den Rasen."

Hape Kerkeling hat diese wundervolle Mutter in sein Herz genommen: „In den vergangenen zweiundvierzig Jahren ist kein einziger Tag vergangen, an dem ich meiner Mutter nicht in irgendeiner Form gedacht habe. Deshalb weiß ich, dass es weitaus gesünder und wertvoller ist, sich an die Stärke und Lebenskraft eines geliebten Menschen zu erinnern als an die leidvollen Momente." Von seiner Mutter, der lebensfrohen Floristin, übernimmt der achtjährige Hape die Lebensheiterkeit: „Mein Leben jedenfalls soll ein großes Fest werden, beschließe ich mutterseelenallein nach der Beerdigung. Ich entscheide mich ganz bewusst für das Lachen und für die Fülle des Lebens." Seine erinnernde Kraft beschützt ihn.

Genauso hat es der Dichter Jean Paul (1763–1825) gesehen, wenn er schrieb: „Die Erinnerung ist ein Paradies, aus dem man nicht vertrieben werden kann."

Kindheit bedeutet, von der tastenden Welterkundung des Säuglings bis zu den Lebensexperimenten des/der rebellisch Pubertierenden, Arbeit an der Formung des fließenden Ichs. Die Familie ist Brutkasten und Werkstätte unserer Psyche, im Guten wie im Schlechten. Als Psychoanalytiker erkannte der Arzt Carl Gustav Jung (1875–1961): „Wir wissen, dass die ersten Kindheitseindrücke unverwehrbar den Menschen durch sein ganzes Leben begleiten, und dass ebenso unzerstörbare Erziehungseinflüsse den Menschen in gewisse Schranken zu bannen vermögen."

Die Schranken für ein selbstbestimmtes Leben öffnen souveräne, liebende Eltern. Gabriele, Besitzer meines italienischen Lieblingsrestaurants, dem ich mit freundschaftlicher Bewunderung verbunden bin, erinnert sich an seine Eltern mit den Worten: „Als ich groß war und nach Deutschland kam, habe ich sie trotz der weiten Entfernung immer in meiner Nähe gefühlt. Das Nach-Hause-Fahren ist immer ein Fest gewesen. Voller Freude wurde getafelt, gelacht und diskutiert, aber immer mit großem Respekt. Ich habe meine Eltern inzwischen beide verloren, aber sie leben in mir weiter. Ich benutze immer noch ihre guten Ratschläge, um Fehler zu vermeiden. Ich bin sehr stolz auf beide."

Gabriele zitierte mir nach dem Tod seiner geliebten 85-jährigen Mama, Mutter von fünf erfolgreichen Kindern, den italienischen Lobspruch auf die Spenderin des Lebens: „La mamma è come un albero grande, che tutti i suoi frutti ti dá per quanti gliene domandi sempre uno ne troverá." Zu Deutsch: „Die Mama ist wie ein großer Baum, der dir alle seine Früchte schenkt, wie viele du auch immer verlangst, sie wird immer eine finden."

„Mein Vater weckte mich nachts, um mir die Sterne zu zeigen."

Eines Vaters Segen kann nicht im Wasser ertränkt noch im Feuer verbrannt werden.

Russisches Sprichwort

Der Vater bietet notwendigen Halt. Kann sich ein Kind an den Vater anlehnen, braucht es keine Verlassenheitsängste zu haben. Es darf auch die Aggressionen gegen die Mutter (und gegen den Vater) lernen. Sie sind nicht existenzbedrohend. Es bleibt immer der andere Liebespol erhalten. Mir selbst ist, wie vielen Söhnen alleinerziehender Mütter, genau dies geschehen, dass ich keine Aggressionen lernen durfte als wichtige Instrumente der Abgrenzung und Ich-Werdung. Wie hätte ich denn gegen „Mutter Teresa", die meine aufopferungsvolle alleinstehende Mutter für mich darstellte, rebellieren dürfen? Sie war doch das Liebste, Einzige, was ich hatte! Es fehlte die „Pufferfunktion" des Vaters, die Möglichkeit zweier Liebesobjekte: Mutter *und* Vater.

Der Vater ist der erste Mann im Leben eines Kindes. Er ist im Idealfall ein Vorbild. Hat der Vater zudem eine zarte Seele mit weiblichen Anteilen, so vermittelt er dem Kind Urvertrauen, Körperlichkeit, sanfte Geborgenheit. Er zeigt dem Kind, dass es schön ist, einen Mann zu umarmen, sein Gesicht zu streicheln, zu küssen. Er besetzt das Männliche positiv. Außerdem lebt er Männlichkeit vor: die maskuline Freude am Beruf, Fußball, Sport, Ringen, Schwimmen, Lust am Basteln, Fotografieren, Musizieren, Klettern, männliche Spiele, soziales Verhalten unter Männern, vitale Sexualität, auch Romantik und stürmischen Geist. Jörn, achtzehn Jahre, schildert die Komplizenschaft mit seinem Vater so: „Papa hat mit meinem Bruder und mir Wettrennen durch das Haus organisiert. Mama war zur Arbeit, und das war gut so, denn die Rennstrecke hätte sie nie genehmigt."

Natur, Pferde, Vorlesen – das verdankt Asta ihrem Vater: „Als ich ein Kind war, fuhr Vater oft mit mir auf dem Fahrrad oder später auf dem Moped in die umliegenden ländlichen Gebiete am Niederrhein. Manchmal ist er auch mit mir zum Reiten gefahren. Er kannte durch seine Arbeit jemanden, der Ponys besaß. Dort lieh er manchmal eines aus und streifte mit mir durch Wald und Felder. In diese Gegend fahre auch ich noch so oft es geht, um dort spazieren zu gehen, die Stille zu genießen und frische Luft zu tanken. Manchmal sind wir auch zu einem Segelflugplatz gefahren und haben den Fliegern zugesehen. Mein Vater war auch ein wunderbarer Vorleser. Am liebsten hat er Märchen vorgelesen, Max und Moritz oder den Struwwelpeter. Er konnte beim Vorlesen richtig fesseln. Am Heiligabend hat er vor der Bescherung gerne Andersens Märchen vorgetragen. In den Wintermonaten haben Vater und ich uns regelrechte Mau-Mau-Schlachten geliefert. Wir haben uns gegenseitig in die Pfanne gehauen und haben uns darüber kaputtgelacht." Dafür war die Mutter für die „kostspieligen" Freuden zuständig: „Zoobesuche, Kindertheater, Spielsachen und Ähnliches. Sie ließ sich tapfer mit mir im Delphinarium nass spritzen." Als sie Asta einen Wellensittich schenkte, war Vater dagegen: „Als der Vogel dann bei uns zu Hause war, knurrte Vater zunächst (‚der macht doch nur Dreck!'), später hatte er ihn genauso geliebt wie der Rest der Familie." Vielleicht konnte Asta so besser mit dem „Schatten" fertig werden, dass sie ein nicht geplantes letztes Kind war.

Gute Väter sind in der Phantasie der Kinder oft Götter und Helden. Hannahs Vater war Lastwagenfahrer: „Manchmal durfte ich mitfahren, wenn meine Mutter auch mitfuhr. Ich war mächtig stolz auf meinen Vater, der so einen großen Lastwagen durch die Welt fuhr. Er war für mich der beste Lastwagenfahrer der Welt. Er konnte schöne und weniger schöne Geschichten von seinen Reisen erzählen. Man hatte das Gefühl, man wäre selbst dabei gewesen. Auch erzählte er gerne Witze. Der sang auch gerne und spielte Mundharmonika. Er war gerne lustig." Stolz waren beide aufeinander: „Ich hatte das Gefühl, dass mein Vater mächtig stolz auf mich war. Als ich noch recht klein war, sollten meine Schwester und ich ein Kleid genäht bekommen. Meine Mutter hatte Stoff gekauft. Sie fragte meinen Vater: ‚Ob der Stoff nicht zu dunkel für mich wäre?' Da sagte mein Vater einen Satz, den ich mein Leben lang nicht vergessen kann. Er sagte: ‚Hannah kann man einen Sack anziehen, der steht ihr immer noch gut'. Mein Vater fand mich also schön, dann musste es ja auch stimmen."

Für Uli, dessen Vater sich wegen seiner ehelichen Treulosigkeit das Leben nahm, wir erinnern uns, war Vater ein sportliches Vorbild. Mit sechzehn Jahren diente er bei der HJ-Division der Waffen-SS, weil er nicht bei der Panzernahbekämpfung in Berlin eingesetzt werden wollte. Er wurde trotzdem schwer verwundet und kam in amerikanische Kriegsgefangenschaft. Dann wurde er Schwimmmeister und Sportlehrer: „Mein Vater nahm mich immer mit zum

Sport. Mir machte das sehr viel Spaß, und ich lernte sehr früh schwimmen. Bereits in meinem zweiten Lebensjahr nahm mich mein Vater mit ins tiefe Wasser, und ich hielt mich an seinen Schultern fest. Ich hatte das Urvertrauen in ihn und spürte, mir kann nichts passieren. Ich wollte auch Mittelstreckler werden wie er, aber seine Zeiten über fünftausend Meter habe ich nie erreicht, obwohl ich Kreismeister wurde. Er war stolz, wenn ich etwas gewonnen hatte. Er forderte und förderte mich. Wir hatten ein sehr inniges Verhältnis, hart, aber fair. Als ich mit vierzehn Jahren in der Kinder- und Jugendsportschule nach einem Auswahlverfahren und zahlreichen Tests in Berlin aufgenommen wurde – war er unglaublich stolz auf mich. Ich war der erste Schüler der Schule, der das geschafft hat. Als mein Berufswunsch Tierarzt aufkam, wollte er, dass ich mir das genau überlegte und verhalf mir zu einem Praktikum an der Geburtshilfe in Berlin. Das war ein sehr wichtiges Praktikum in den Sommerferien, denn ich sah alle Seiten dieses Berufes, die schönen und weniger schönen Dinge. Diese Praktika wiederholte ich und bekam auch einen Studienplatz, was sehr schwer war in der DDR. Darüber hat er sich sehr gefreut."

Natur und Kultur vermitteln offensichtlich viele Väter ihren Kindern. Gerhild idealisiert ihren Vater nicht, würdigt aber seine reiche Natur: „Mein Vater, Jahrgang 1899, war ein temperamentvoller, sportlich sehniger, schlanker Mann mit viel Interesse an Kultur, Politik und Turnsport. Heute weiß ich, dass er durch seine (freiwillige) Teilnahme am Ersten Weltkrieg sicher traumatisiert war. Er war autoritär (auch durch Schläge), jähzornig und konservativ. Ich habe mich in meiner Pubertät mit ihm bis aufs Blut gestritten. Heute denke ich, es war gut, dass er das überhaupt zugelassen hat. Aber als kostbares Erbe von ihm hüte und praktiziere ich das Interesse an Musik und Theater. Er spielte Klavier. In der Weihnachtszeit sangen wir viele Weihnachtslieder. Er ging ins Theater, vorzugsweise in die Oper, ins Konzert. Später durfte ich auch mit. Er war Wagner-Fan, und ich bin mit dieser Musik groß geworden. Ich liebe sie bis heute. Auch praktiziere ich schon seit langem klassische Musik im Chor und neuerdings lerne ich auch wieder Klavier spielen."

Dieser Vater weckte auch Gerhilds Geschichts- und Kunstinteresse: „Museen, Schlösser und vieles andere besichtigten wir auf seine Initiative hin. Auch ich mache das heute noch sehr gerne und knüpfe daran ein großes Interesse an Geschichte. Schon 1959 besuchte unsere Familie Rom, Neapel und Pompeji, weil es meinem Vater in jungen Jahren so gut gefallen hatte, und obwohl meine Eltern finanziell eher mittelmäßig ausgestattet waren. Mit sechzehn Jahren sah ich wunderbare Kunstwerke und konnte mich an vielem dort erfreuen. Mein Vater und ich bereiteten die Reise gut vor; der Baedeker und anderes wurden durchgearbeitet. Ein zweites kostbares Erbe meiner Eltern – wobei auch hier sicher mein Vater der Motor war – ist das Wandern in der Natur. Er veranlasste, dass die Familie in den Schwarzwald-Verein eintrat." Dazu noch später.

Vom wem lernen Kinder die Freude am Handwerk? Meist vom Vater. Wieland: „Handwerkliche Fähigkeiten und praktische Erfahrungen verdanke ich meinem Vati. Er hat im Krieg mit zwanzig Jahren ein Bein verloren. Diese Einschränkung hat er mit großer Energie, Zielstrebigkeit und seiner Klarheit im Handeln wettgemacht. Neben der beruflichen Tätigkeit musste sich ja auch um Haus und Garten gekümmert werden. Diese Seiten meines Vaters haben mich sehr geprägt." Wenn es um Mathematikaufgaben und Aufsätze ging, wandte sich Wieland an seinen patenten Vater. Er brachte ihm auch das Schachspiel bei.

Ähnlich erlebte es auch Mia: „Mein Papa war ein eher strenger Mann, der sich jedoch um das (finanzielle) Wohlergehen seiner Familie immer kümmerte. Die Rollenverteilung (Frau: Kinder, Küche; Mann: Brotverdiener) war bei meinen Eltern noch ganz streng getrennt. Von ihm habe ich mein gutes mathematisches Verständnis, mein Interesse an allen Naturwissenschaften und mein handwerkliches Geschick geerbt. Mit ihm haben wir in unserer Kindheit und Jugend viel als Mädchen Dreigesang gesungen. Oft sogar vor Publikum. Er hat uns dabei mit der Gitarre begleitet und uns im mehrstimmigen Gesang trainiert. Von ihm habe ich auch meinen Perfektionismus." Der Vater war kinderfreundlich: „Neben unserem Wohnhaus hatte mein Papa einen großen Spielplatz gebaut mit einem riesigen Sandhaufen, zwei Schaukeln, mehreren Turnstangen, einem Karussell und einem großen Trampolin, was für die damalige Zeit eine besondere Attraktion war. So waren nachmittags immer viele Kinder aus der Ortschaft bei uns, und wir hatten immer Spielkameraden."

Witz und Unternehmungslust sind oft die Markenzeichen lebendiger Väter. Brigitte ist heute noch darüber glücklich: „Er war immer lustig, und seine Erzählungen waren so bildhaft, dass ich glauben könnte, dabei gewesen zu sein. Ich habe mich amüsiert und fühlte mich dann frei und unbeschwert.

Genauso wenn mein Papa mit mir Samstag morgens um sieben Uhr zum Schwimmen gefahren ist. Ohne Frühstück – es war ja noch viel zu früh – intensives Schwimmen mit dem Schwimmverein. Ja, die Uhrzeit war unchristlich. Aber hinterher auf dem Nachhauseweg wurde dann immer zum Bäcker gefahren, um knackfrische Brötchen zu holen. Diesen Duft aus der Backstube habe ich in mein Herz geschlossen. Und ab und an hole ich ihn heraus und schnuppere daran. Als ich mit siebenundzwanzig Jahren unseren Sohn bekommen durfte, habe ich einiges unbewusst von meinem Papa übernommen. Heute schwärmt unser Sohn von unserem gemeinsamen Essen, wo es immer lustig zuging. Wenn wir zum Beispiel in einen Verkehrsstau geraten sind, haben wir immer viel Spaß gehabt. Denn dann habe ich rumgeblödelt. So wie beim Kinderarzt. Dort habe ich immer kleine Spiele, die ich mir ad hoc ausdachte, gespielt. Spaß und Humor sind mir wichtig. Das habe ich in meine kleine Familie gegeben. Das konnte ich aber nur, weil mein Papa den Grundstein legte." Dabei war der Vater nicht fähig, direkt Liebe und Zärtlichkeit zu geben, aber „er vermittelte mir irgendwie das Gefühl, dass er mich liebt."

Väter sind oft Alleskönner. Andrea stellte als Zehnjährige auf einer Familienfeier ihren zärtlich geliebten Vater mit dem stolzen Reim vor: „Andrea die kann gut lachen, die hat einen Vater, der kann alles machen." Und so war es auch: „Als ich zur Welt kam, hat mein Vater meine Windeln aus Nessel genäht, als Kleinkind mit mir Dampfmaschinen gebastelt, Holzspielzeug und Holzklötze hergestellt, aus denen ich Barbiehäuser und Betten baute und vieles mehr." Mit elf Jahren besaß Andrea eine echte Barbie-Puppe. Doch die Kleidung war für sie unerschwinglich. Der Vater sprang ein: „Papa besorgte rotes und weißes Leder, bestickte den Saum des roten Lederminirocks mit Schmetterlingen mit der Nähmaschine. Weißes Bündchen, und der Minirock war fertig, und ich war begeistert. Nun das Oberteil! Ärmellos, weißes Bündchen um den Hals, weißes Band in der Taille. Dazwischen rotes Leder. Was mein Vater nicht bedachte, Barbie hatte extrem viel Oberweite und eine Wespentaille! Dann machte er mir ein Oberteil mit zehn Abnähern auf jeder Seite! Ich habe mich riesig gefreut über so ein schönes Unikat, und meine Freundinnen bekamen große Augen. Ich kann nur sagen, mein Papa war der Held meiner Kindheit. Danke Papa, auch wenn du nicht mehr bei uns bist, bist du immer noch der ‚Größte' für mich, so wie du warst."

Väter erkunden mit ihren Kindern die Welt. Annas Vater organisierte zwei- bis dreimal im Jahr interes-

sante Urlaube für die Familie: „Am Strand angekom-
men, sind wir gleich mit Schnorchel ins Wasser. Papa
hat mir die schöne Unterwasserwelt gezeigt. Ein
Urlaub ging nach Ungarn. Dort durfte ich Reiten lernen. Das Pferd hieß Pitzi, was ‚die Kleine' bedeutet.
Wir waren direkt am Plattensee in einem kleinen
Ferienhaus untergebracht. Im Garten wuchsen Apri-
kosen und Paprika. Beides schmeckte sooo gut. Oft
saßen wir abends draußen und beobachteten die
Sterne. Papa kennt sich gut aus mit den Sternbil-
dern." Während die Mutter „zwar da" war, aber nur
zum Kochen, Saubermachen und Einkaufen, begeisterte der – heute noch ökologisch inspirierte – Vater
Anna für die Liebe zur Natur: „Als ich noch ein Kind
war, sind wir oft sonntags sehr früh in den Wald auf
einen Hochsitz geklettert und haben Rehe beobachtet. Ich erinnere mich noch an ein anderes schönes
Erlebnis, da lagen wir im Wohnzimmer auf dem
Boden und haben die Vögel im Garten beobachtet. Es
war Sommer und recht heiß. Wir hatten den Rasen-
sprenger an, und die Meisen tranken die Wasser-
tropfen auf den Blättern. Bei jeder Gelegenheit haben
wir Tiere in der Natur beobachtet. Mein Vater hatte
immer einen Fernekieker (Feldstecher – M. J.) mit."

Die Erde und die Sterne zu lieben, hat auch Anita
von ihrem Papa gelernt: „Mein Vater, der mit uns

Kindern regelmäßig zu seinem elterlichen Bauernhof fuhr, hat in mir den Funken gesetzt, die Faszina-
tion und die Vielseitigkeit der Natur zu bemerken,
zu achten und zu bewundern. Er erklärte Pflanzen,
Bäume, Kräuter, Obst und die Sterne. Bis heute habe
ich niemals ein Blatt abgerissen oder achtlos/bewusst
auf eine Pflanze getreten."

Anitas lustigstes Kindheitserlebnis war, „wenn mein
Vater beim Mittagessen versuchte, einen längeren
Witz zu erzählen. Er war dabei so genau (er war
Steuerberater) und ungeschickt, dass wir uns vor der
Pointe schon nicht mehr vor Lachen halten konnten".
Er trabte, mit Anita und ihren Schwestern auf sei-
nem Rücken, durchs Wohnzimmer, oder alle Viere
zu Boden, „was ihm als nichtsportlichem und etwas
beleibtem Mann nicht so ganz leicht fiel". Er erzählte
vor dem Einschlafen Geschichten. Einmal strich er
Anita, die sich schlafend gestellt hatte, über die Wan-
ge. Das schönste Kindheitserlebnis ist voller Poesie:
„Wenn mein Vater mich nachts weckte und mit mir
in den Garten ging, um mir die Sterne zu zeigen."
Was für ein Sternenkind warst du, liebe Anita!

Von Sigmund Freud stammt der Satz: „Was ist der
durchschnittliche Intellekt eines Erwachsenen gegen
die strahlende Intelligenz eines Kindes!" Aber ir-

gendwo und von irgendeinem muss diese leuchtende Vernunft entzündet worden sein. Der Philosoph und Pädagoge Jean-Jacques Rousseau (1712–1778) führt in seinen *Les Confessions* (Die Bekenntnisse) den kognitiven Zündfunken auf seinen Vater zurück. Die Mutter war bei Jean-Jacques Geburt gestorben: „Ich weiß nicht, wie ich lesen lernte; ich erinnere mich nur meiner ersten Lektüre und ihrer Wirkung auf mich. Von dieser Zeit datiere ich ohne Unterbrechung das Bewusstsein meines Selbst. Meine Mutter hatte Romane hinterlassen. Wir, mein Vater und ich, begannen sie nach unseren Abendmahlzeiten zu lesen. Zuerst handelte es sich nur darum, mich im Lesen durch unterhaltende Bücher zu üben; aber bald wurde das Interesse so lebhaft, dass wir abwechselnd unaufhörlich lasen und die Nächte damit verbrachten. Wir konnten nie vor Beendigung des Bandes aufhören. Manchmal sagte mein Vater, wenn er morgens die Schwalben hörte, ganz beschämt: ‚Wir wollen zu Bett gehen, ich bin noch ein größeres Kind als du.'"

Rousseau: „Durch diese interessante Lektüre und die Unterhaltungen, die sie zwischen meinem Vater und mir hervorrief, bildete sich der freie, republikanische Geist, der unbezähmbare, stolze Charakter, der, unfähig, Joch- und Knechtschaft zu ertragen, mich Zeit meines Lebens gequält hat … Unaufhörlich mit Rom und Athen beschäftigt, sozusagen in stetem Verkehr mit jenen großen Männern, selbst als Bürger einer Republik (Genf – M. J.) geboren und Sohn eines Vaters, dessen stärkste Leidenschaft die Vaterlandsliebe war, entflammte mich sein Beispiel." Rousseau wurde so – mit seinem politischen Hauptwerk *Der Gesellschaftsvertrag* – einer der bedeutendsten Vordenker der Französischen Revolution von 1789.

„Eins mit Stern", so benotet Willibald seinen Vater, einen tüchtigen Sparkassenbeamten. Dieser starb, als Willibald neunzehn war. Es war ihm wichtig, dass sein Sohn auf das humanistische Gymnasium kam und einen Studienabschluss in Physik mit Promotion erreichte. Wohl das Kostbarste, was dieser Vater, wie Rousseaus Erzeuger, seinem Sohn vermittelte, war der Wissensdurst. Willibald: „Er selbst hatte unglaublich breit gestreute Interessen, was man insbesondere an seinem Bücherschrank ablesen konnte. Da gab es Bücher über griechische und römische Geschichte, aber auch über Weltraumfahrt und die damals viel diskutierte ‚Welteislehre' (die Glazialkosmogonie von Hanns Hörbiger – M. J.). Auch eines über die untergegangene Sageninsel Atlantis. Er malte Aquarellbilder, lernte, ein Buch über die Punischen Kriege zu schreiben. Ein Buch mit dem Titel *Im Zaubergarten der Mathematik* hat mich sehr gefesselt und nicht wenig zu meiner Berufswahl beigetragen."

„Eines Vaters Segen kann nicht im Wasser ertränkt noch im Feuer verbrannt werden", sagt das russische Sprichwort. Oskar hat vor allem glückliche Erinnerungen an seinen Vater: „Ich fühle mich immer beschützt und geborgen. Bei ihm konnte mir nichts passieren. Aufregend war ein Abenteuerausflug zum Weiher, zu zweit, mit Übernachtung im Auto und Lagerfeuer." Der Vater sei liebevoll mit ihm umgegangen, habe ihn nachts beim Einschlafen gestreichelt und ihn den positiven Umgang mit anderen Menschen gelehrt." Schließlich: „Er ließ sich von Schicksalsschlägen nicht unterkriegen, nahm alles leicht und liebte Hunde."

In meiner Praxis bin ich immer wieder gerührt, wenn Söhne und Töchter mir berichten, wie der Vater ihr Ich gekräftigt und durchsonnt hat. „Mein Vater", sagte mir ein Klient, nennen wir ihn Bruno, „zeigte meiner Schwester und mir einfach alles. Wie man Sandburgen baut, ein Baumhaus errichtet, Fahrrad fahren und Schwimmen lernt, wie man einen Radiotransistor zusammenbaut, einen Drachen bastelt, Fußball spielt, Zeltstangen zusammenfügt, ein Kanu im Wildwasser steuert, Selbstverteidigung übt, Fachbücher durcharbeitet und Ziehharmonika spielt. Er war ein Tausendsassa. Er sagte mir immer: ‚Wenn du willst, kannst du alles!' Durch ihn wurde ich mutig und lernte, mir selbst zu vertrauen." Als der Sohn nach dem Studium als Diplomingenieur in die USA flog, um bei General Motors zu volontieren, vergoss der Vater Tränen bei dem Abschied auf dem Frankfurter Flughafen. Bruno blieb in den Vereinigten Staaten, zog eine Kette von Autoreparaturwerkstätten auf und erfüllte den amerikanischen Traum „vom Tellerwäscher zum Millionär". Der väterliche Glaubenssatz „Wenn du willst, kannst du alles" erwies sich als seine stärkste Mitgift.

Kinderliebe erlöst Vater und Tochter: Pinas Vater war vom Leben physisch und psychisch tragisch geschädigt. Er hatte durch einen Autounfall seine erste Frau und sein jüngstes Kind, einen blonden Jungen, verloren. Alleinstehend und mit seiner siebenjährigen, schwer unfallverletzten Tochter heiratete er, nunmehr 39-jährig, seine Haushälterin. Sie wurde ihm eine liebende Frau und gebar ihm Pina. Die Vater-Tochter-Liebe war anfänglich nicht einfach. Pina: „Irgendwann im Kindergartenalter fing ich an, nachzufragen, warum mein Papa nicht mit mir zum Spielplatz gehe oder herumtolle wie andere Papas und überhaupt so wenig Zeit mit mir verbringe. Die Antwort lautete ganz einfach, dass Paps seinen linken Arm während des Krieges in Russland verloren hätte und deswegen sehr traurig wäre und nicht mit mir spielen könne …"

Kinderliebe ist jedoch unermesslich wie der 11 000 Meter tiefe Marianengraben im Pazifischen Ozean. Pina dachte nach: »Eines Sonntags beim Spazierengehen mit meinen Eltern im Wald wusste ich in meiner kindlichen Einfalt die Lösung. Papa ging voraus und ich an Muttis Hand hinterher. Ich ließ sie los, lief vor, ergriff die linke Prothesenhand, schaute zu ihm hoch und sagte altklug: ‚Wenn ich g r ö ß e r bin, gehe ich nach Russland und hol dir deinen Arm zurück!' Er erwiderte nur: ‚Ja, mein Schisser'. Von dem Tag an waren wir in seiner Freizeit unzertrennlich, und ich durfte ihm immer wieder – zum Beispiel bei der Gartenarbeit oder Autowäsche – seinen fehlenden linken Arm ersetzen."

Alberta, eine Optikerin und Gestalttherapeutin, erinnert sich an Vaters brunnentiefe Liebe (sie verlor ihn mit großer Trauer im Erscheinungsjahr dieses Buches 2016) mit einer fast magischen frühkindlichen Impression: „In einem Ereignis bin ich vielleicht acht oder neun Monate alt. Ich liege in meinem Kinderbett auf dem Bauch, es ist Abend, und ich soll schlafen. Im Zimmer ist es dunkel, aber vom Flur fällt Licht in mein Zimmer. Ich höre, wie mein Vater nach Hause kommt. Nach einer Weile kommt er auch in mein Zimmer und sieht nach mir: Er legt seine Hand auf meinen Rücken. Sie fühlt sich warm und schwer an. Ich schlafe ein."

Felicitas, unsere Freundin vom Lago Maggiore, 85 Jahre alt, sehr weise, erinnert sich an ihre italienischen Eltern Antonio und Lucia voller Dankbarkeit. Sie war von 12 Kindern das jüngste: „Ich habe kiloweise Liebe bekommen." Vater Antonio, der als Maurer in einem Schweizer Ort arbeitete, war ein schöner und stolzer Mann, von allen geschätzt. Felicitas: „Wenn er mit dem Velo von der Arbeit heimkam, war er glücklich, dass ich immer auf ihn wartete. Schon mit fünf Jahren wusste ich kleines Luder, dass ich alles von ihm haben konnte." Es war ein Schicksalsschlag, als dieser wundervolle Vater mit 52 Jahren an einem Speiseröhrenkrebs starb. Die Mutter erzog die 12 Kinder mit Bravour und machte aus ihnen gute Menschen. Sie war patent: „Sie hat einem Hühnchen das gebrochene Bein geschient." Sie nahm sich auch Zeit für das Nesthäkchen Felicitas: „Sie war eine ‚Kräuterhexe'. Sie ist mit mir auf die

MEIN VATER UND DIE STERNE

Wiese gegangen und hat mir die Kräuter gezeigt."
Als ich Felicitas fragte, welchen Satz sie gerne ihrem
toten Vater sagen würde, wenn er noch einmal durch
die Türe kommen könnte, fing Felicitas vor Rührung
an zu weinen.

Viel Beglückung erfahren, wie wir gerade bei Felicitas sahen, auch liebevolle Väter von ihren Kindern.
Theodor Storm (1817–1888) rückt dieses Wechsel-
spiel der Gefühle in seinem Gedichtzyklus *Die Kinder* einmal zärtlich so ins lyrische Bild:

> *Auf meinem Schoße sitzet nun*
> *Und ruht der kleine Mann;*
> *Mich schauen aus der Dämmerung*
> *Die zarten Augen an.*
>
> *Er spielt nicht mehr, er ist bei mir,*
> *Will nirgends anders sein;*
> *Die kleine Seele tritt heraus*
> *Und will zu mir hinein.*
>
> *Mein Häwelmann, mein Bursche klein.*
> *Du bist des Hauses Sonnenschein;*
> *Die Vögel singen, die Kinder lachen,*
> *Wenn deine strahlenden Augen wachen.*

Schwestern, Brüder, Spielgefährten:
„Wir haben alles miteinander gemacht"

Ist es etwa nichts, glücklich zu sein?
Ist es nichts, den ganzen Tag herumzu-
springen, zu spielen und zu rennen?

Jean Jacque Rousseau
Emile

Wie kostbar ist eine gute Geschwisterschaft. Nach
meiner Frau stehen mir meine Geschwister Albert,
Christoph und Maria Theresia am nächsten. Ich
kann jederzeit mit ihrer Hilfe rechnen. Wenn ich in
meinem Leben in Sackgassen geriet – ich sage das als
Fünfundsiebzigjähriger –, halfen sie mir. Natürlich
haben wir uns auch im Laufe dieses langen Lebens
aneinander gerieben und gekracht. Denn wir sind
alle vier – Bruder Michael starb mit neun Jahren –
ehrgeizig, beruflich ambitioniert und eigenwillige
Charaktere. Lange Jahre war ich etwas neidisch auf
die damals beruflich erfolgreicheren älteren Brüder.

Als Jüngster war ich ihnen in der Kindheit unterlegen. Geblieben sind jedoch die Erinnerungen an ihre Fürsorge, vor allem in den kalten Zeiten des Jesuiteninternats. Meine ein wenig ältere Schwester beschützte mich, und ich habe sie treu zurückgeliebt.

Die frühe Kindheit ist ohne die Geschwisterliebe kaum vorstellbar. Die Ich-Bildung geschieht hervorragend über die Identifizierung von Geschwistern miteinander. Indem ich Eigenschaften einer älteren Schwester, eines älteren Bruders nachahme und mir aneigne, erweitere ich das Spektrum meiner Selbstkompetenz. Kindsein heißt ja, unaufhörlich neue Eigenschaften und Fähigkeiten zu erwerben. Das macht auch Angst. Fahrradfahren lernen, Schwimmen lernen, einen Baum besteigen, einem großen Hund trotzen, im Dunkeln in den Keller gehen, sich alleine in der Stadt zurechtfinden, das alles sind Erlebnishürden, die genommen werden wollen. Geschwister machen sie mir vor, oder ich profiliere mich als älteres Geschwister vor den jüngeren und gewinne aus dieser Vorbildfunktion schöpferische Kraft.

Als Geschwister sind wir uns aber auch im Prozess der *Deidentifikation* unerlässlich. Brüder und Schwestern sind anders als ich. Sie haben einen anderen

Charakter, eine andere Art zu sprechen, zu fantasieren, zu lachen. Sie haben verschiedene Hobbys und Fähigkeiten. Damit wird mir aber auch meine eigene Spezifik sichtbar, mein eigener Wert, meine Einmaligkeit. Ich bewundere und bestätige, ich selbst werde bewundert und bestätigt. Mit Geschwistern erobern wir die Welt. Wir üben Witz und Sprache, soziale Verantwortung und Einfühlung ein. Wir verständigen uns über das aufregende Neuland der Sexualität, die „Begegnung der dritten Art" mit dem anderen Geschlecht – ein aufregendes Unternehmen.

Geschwister sind ein wichtiger Teil der frühen Lebenserfahrung. Geschwisterschaft ist, per definitionem, eine verschworene Gemeinschaft. Nicht ohne Grund nennen sich kämpferische Schwarze und Indianer gegenseitig *Brüder*. Nicht zufällig heißen sich feministische Frauen *Schwestern*. Geschwister bleiben Geschwister, wohin sie auch immer gehen, ob sie sich lieben oder hassen. Geschwister tragen Verantwortung füreinander. Man liebt sich, man schlägt sich. „Geschwister gehen bis zum Rhein, werfen einander aber nicht hinein", sagt man im Rheinland. Das will heißen: Geschwister streiten sich bis zur Weißglut, wenn es ernst wird, halten sie zusammen. Ältere Geschwister haben für jüngere auch die prägende Funktion, ihnen durch ihr eigenes Hinausgehen in die Welt, die Ablösung von den Eltern konfliktträchtig vorzuleben und sie sozusagen zu *erlauben*.

Man kann sich als Jüngerer oder Jüngere kaum genug bei den älteren Geschwistern bedanken, was sie einem alles beigebracht haben. Da meine geschiedene Mutter als Ärztin den ganzen Tag in der Praxis arbeitete oder den damals zahlreichen Hausbesuchen bei den Patienten nachkam, lernte ich vom Schleifebinden, Uhrlesen, Radfahren und Schwimmen fast alles von meinen Geschwistern. Sie stimulierten meine Fantasie, führten mich in die Welt der Märchen und Bücher und der menschlichen Beziehungen ein. Ohne sie wäre ich ein Torso.

Gitta erlebte Geschwisterliebe pur: „Das Verhältnis zu meinem Bruder war all die Jahre sehr innig und ist es auch noch heute. Wir Kinder hatten ja nur uns. Unsere Eltern haben sich abgöttisch geliebt. Wir als ihre leiblichen Kinder kamen in der Rangfolge erst nach der Arbeit und nach den Freunden. Der Wunsch der Freunde und Nachbarn stand vor dem der Kinder." Die Mutter war, wie bereits früher berichtet, wenig kinderfreundlich: „Unsere Mutter erkrankte an Krebs und starb fünf Jahre nach unserem Vater. Die Zeit im Krankenhaus, sechs Wochen vor ihrem

Tod, war die innigste Zeit mit ihr und hat mich mit ihr versöhnt. So konnte ich ihr sagen, dass ich sie als Kind und Jugendliche so viel vermisst habe. Auch dass sie meinen Bruder mir so viel vorgezogen hatte. Sie gab dies zu und bat quasi um Entschuldigung für ihr Handeln." Die Mutter hatte Gitta und ihren Bruder zurückgelassen, als sie und ihr Mann zwei Jahre in Portugal arbeiteten.

Zurück zum Bruder: Zu seinem sechzigsten Geburtstag bereitete Gitta einen Vortrag für seine Feier vor: „Dazu habe ich in unseren alten Fotoalben gestöbert. Hierbei sind mir so viele Bilder von uns beiden in die Hände gefallen, die mich sehr berührt haben. Wir sind fast wie Zwillinge groß geworden. Alles haben wir gemeinsam gemacht. Zum Spielen bin ich als kleines Mädchen meist mit meinem Bruder und seinen Freunden gegangen, oder er blieb bei mir mit seinen Freundinnen. Ich fand ein Bild mit uns beiden auf einer Schaukel, darauf schauen wir beide uns so liebevoll an. Ich denke, so etwas kann kein Fotograf bestimmen." Und: „Eine Freundin sagte, dass mein Bruder und ich eine Beziehung haben, die es selten zwischen Geschwistern gibt. Auch als wir unser Erbe notariell verfügten, sagte uns die Sachbearbeiterin, dass sie solch eine friedliche Regelung nicht oft erlebe." In ihrer Ehe reduzierte Gitta wegen der Eifersucht ihres Mannes den Kontakt zu ihrem Bruder und seiner Familie: „Als es dann endlich mit der Trennung klappte, war auch mein Bruder froh und ist heute wieder voll und ganz für mich da."

In rund zwanzig Fällen schrieben mir die Beantworter meiner Frageliste über die sexuelle Aufklärung, die sie durch ältere Geschwister erfuhren. Das können auch jüngere sein. Urs, heute ein reputierter Professor an der Universität, lobt seine Kindheit mit viel „Wärme, Geborgenheit, Liebe, Spaß und Freude". Er wurde eher überbehütet, meint er, und von dem heiklen Thema Sexualität ferngehalten: „Ich habe eine zwei Jahre jüngere Schwester. Ich kann mich lebhaft daran erinnern, dass ich sie regelmäßig aus der Disco abgeholt habe, obwohl sie da noch nicht rein durfte und ich für solche Veranstaltungen nie zu haben war. Heute prägt mich eher ein distanziertes, aber anständiges Verhältnis meiner Schwester gegenüber. Ihr verdanke ich die sexuelle Bildung, obwohl sie jünger ist als ich. Von Vater und Mutter wurde ich nie aufgeklärt. Ich kann mich lediglich an eine Begebenheit erinnern. Als ich in der Jugend für den Sportunterricht üben wollte, mich an einem Seil in die Höhe zu ziehen, hing mir mein Vater in der Garage ein dickes Seil an die Decke. Er erwähnte dann ‚wenn es zwischen den Beinen kitzelt, ist das nicht so schlimm'. Das war das Einzige, was ich von ihm zu dem Thema hörte. Die Aufklärung kam dann später von meiner Schwester. Sie gab mir immer die BRAVO zum Lesen."

Clara litt unter dem kalten Seelenklima des elterlichen Geschäftshaushaltes. Der Vater verhielt sich gefühlsabweisend und an den beiden Töchtern desinteressiert. Er ging völlig in seiner Arbeit und dem Rennsport mit seinem schweren Motorrad auf. Die Mutter rackerte von morgens bis abends im Betrieb, schikanierte die Hausgehilfin, war reizbar und hatte kein Herz für die Töchter.

Clara: „Mutter hatte sich Söhne gewünscht. Sie lehnte ihre eigene Weiblichkeit ab und fand Frauen grässlich. Wenn ich mit ihr schmusen wollte, schob sie mich ärgerlich auf die Seite. ‚Was soll die Fummelei', schimpfte sie. Ich wurde öfters krank. Ich vermute, das war psychosomatisch angelegt, denn ich hoffte, wenigstens im Krankenbett Zuwendung und Zärtlichkeit zu bekommen. Aber das war aussichtslos. Ich schrie nach Liebe. Und ich fand sie." Kinder sind ja genial, wenn es um Liebe geht: „Das Eine war mein Dackel Waldemar, den ich nach vielen Kämpfen bei meinen Eltern durchgesetzt hatte. Er war so putzig und liebesbedürftig, dass ich ihn vor Liebe hätte fressen mögen. Ich nähte ihm sogar eine Art Trainingsanzug und lachte mich kaputt über den drolligen Anblick. Nachts schlief er in meinem Bett, oft Wange an Wange mit mir, meinen Arm hatte ich um seinen warmen Bauch geschlungen. Wenn meine Eltern das geahnt hätten!

Die größte Liebe aber war meine fünf Jahre jüngere Schwester Jutta. Sie war das Nesthäkchen. Ich nannte sie immer Baby, selbst noch, als sie längst in der Pubertät war. Jutta war ein Wonneproppen, strahlend, wohlgelaunt, zu jedem Scherz bereit, noch anhänglicher als Waldemar. Schon in den ersten Tagen ihres Säuglingslebens windelte ich sie, später gab ich ihr das Fläschchen, badete sie und führte sie täglich eine Stunde im Kinderwagen spazieren. Jutta-Baby war mein Ein und Alles. So oft ich konnte, nahm ich sie auch in mein Bett. Waldemar, ich und Jutta, das war eine kuschelige Trinität, ein Liebesbündnis, eine heilige Komplizenschaft. Sie alle beide halfen mir, die sibirische Familienkälte zu überleben."

Die Liebe hat angehalten. Clara: „Heute sind wir natürlich zwei gleichberechtigte und selbstbewusste Frauen, ich OP-Schwester, sie Grundschullehrerin.

Sie ist immer noch der vertrauteste Mensch in meinem Leben, auch wenn ich mit einem feinen Mann verheiratet bin. Aber wir können alles, buchstäblich alles miteinander besprechen. Wir schätzen uns nicht nur, sondern fassen uns gerne an, tauschen Kleider untereinander und besprechen die intimsten Dinge zusammen. Jutta war und ist ein Kronjuwel in meinem Leben."

Auch Brüder kennen die tiefe Intensität einer Geschwisterliebe. Geschwister vermögen sich in Lebenskrisen hervorragend zu unterstützen. Jonas, ein erfolgreicher Informatikprofessor an einer Fachhochschule, ist als Contergankind mit halblangen Armen geboren worden, sogenannten Dysmelien, angeborenen Fehlbildungen von Gliedmaßen. Das war ein schweres Handicap, aber sein ein Jahr älterer Bruder Chris half ihm über fast alle Hürden hinweg. Jonas: „Da ich gut funktionierende Armprothesen erst am Ende der Grundschule erhielt, war ich so manchen Spötteleien ausgesetzt und konnte, vor allem im Sport, vieles nicht leisten wie Handball oder Tischtennisspielen. Chris ignorierte das. Er war voller Tatendrang. Er spielte mit mir täglich Fußball und nahm mich mit in seine Jugendclique. Sie wollten den ‚Krüppel' nicht in ihrer Amateurmannschaft haben. Da drohte er – er war sozusagen der inoffi-

zielle Mannschaftskapitän dieser Straßengang. – ...
‚dann mache ich nicht mehr mit'. Die Kumpels gaben
notgedrungen nach. Nach gar nicht langer Zeit
gewannen sie mich lieb und behandelten mich
prächtig. Wehe, irgendein Junge war hässlich zu mir,
‚der kriegt eins auf die Fresse', meinten sie und
polierten eben diese auch."

Das Geschwisterbündnis war nicht einseitig. Chris,
handwerklich begabt, bastelte viel für seinen behin-
derten Bruder. Jonas, der Begabtere, brachte Chris
naturwissenschaftliche Kenntnisse, Belletristik und
Rockmusik bei. Er schleifte ihn ins Kino, Theater und
in Musikfestivals und brachte ihm „Manieren" bei.
Jonas heute: „Wir sind uns unverbrüchlich treu geblieben. Es vergeht kein Tag, ohne dass wir nicht miteinander mailen oder telefonieren. Seine und meine
Kinder machen gegenseitig mit uns Urlaub. Wir
haben ein Doppelhaus errichtet und keine Grenzen
zwischen die Gärten gesetzt. Wenn meinem Bruder
etwas zustoßen würde, wäre es der Supergau für
mich. Er ist Geschäftsführer eines mittelständischen
Betriebes. Ich bin stolz auf ihn. Er ist stolz auf mich."

Brüderliche Liebe ist eine Goldwährung. Vitali
Klitschko, einer der besten Schwergewichtsboxer
der Welt, promovierter Wissenschaftler und Bürger-

meister von Kiew, liebt seinen Bruder Wladimir, der gleichfalls ein exzellenter Boxer ist. Vitali Klitschko berichtet (DIE ZEIT, 07. 06. 2001): „Als Wladimir geboren wurde, bin ich zu meinen Eltern gelaufen und habe mich für dieses Geschenk bedankt. Geschenk, ja, ich habe ihn wirklich so genannt. So empfinde ich noch heute. Zeit meines Lebens habe ich auf Wladimir aufgepasst. Mama und Papa haben wir versprechen müssen, nie gegeneinander anzutreten. Wie auch? Einschlagen auf jemanden, den man liebt?"

Die eigentümlichste und intensivste Form der Geschwisterbeziehung ist die von Zwillingen. Zwillinge sind ein extremes Beispiel für eine symbiotische, das heißt tendenziell verschmelzende Geschwisterbeziehung. Ihre Verbundenheit ist sprichwörtlich. Oft haben sie einen sechsten Sinn füreinander. Sie erahnen auf eine geradezu telepathisch anmutende Weise die Gedanken und Geheimnisse des anderen. Erich Kästner hat dies in seinem Kinderbuch *Das doppelte Lottchen* anmutig beschrieben.

Elvira schreibt: „Erika und ich sind eineiige Zwillinge, das heißt, wir gleichen uns tatsächlich wie ein Ei dem anderen. Als unsere Mutter uns, wie das damals üblich war, mit völlig gleichen Kleidchen, Frisuren und Schleifchen, Schuhchen und Strümpfen kostümierte, konnte uns die Umgebung nicht auseinanderhalten. Wir haben, wie im „doppelten Lottchen", köstliche Verwechslungsspiele getrieben, Lehrer und Freundinnen damit genarrt. Das war ja alles ganz schön und aufregend. Aber dieser Identitätsdruck hat auch seine schmerzhafte und problematische Seite. Wir starben fast vor Heimweh, wenn wir einmal eine Woche auseinander waren. Wir weigerten uns auch, separate Zimmer zu beziehen. Als wir in die Pubertät kamen, taten wir uns mit Jungen schwer. Wir waren so miteinander verklebt, eine solche Bastion gegen die Welt, dass sich Jungen an uns nicht herantrauten. Sogar in das Studium gingen wir zusammen und mieteten eine gemeinsame Wohnung. Auch unser Studienfach war identisch: Germanistik und Musik als Lehramtsfächer. Langsam gerierten wir uns wie zwei alte Jungfern und verschlossen uns immer stärker gegen die Studienkollegen. Es wurde langweilig und eng zwischen uns. Insgeheim sehnten wir uns natürlich nach der Liebe mit einem Mann, nach Impulsen von draußen, kurz nach Abstand voneinander und eigener Identität.

Erika war die Erste, die das heiße Eisen anpackte. Sie sagte zu mir: ‚Wir müssen mal ein Semester auseinander'. Das taten wir. Sie blieb in Hamburg, ich ging nach Greifswald. Nach anfänglichem Heimweh fühlten wir uns beide wohl. Wenige Wochen später hatte jede von uns einen Freund. Erika wechselte sogar das Studienfach und entdeckte ihre Liebe zur Medizin. Wir sind nach diesem Versuchssemester nicht wieder zusammengezogen. Wir haben uns im guten Sinne auseinanderdividiert, jeweils andere Interessen entdeckt und gepflegt. Auf paradoxe Weise sind wir heute sogar noch faszinierter voneinander. Vive la différence! Wir lieben uns nach wie vor mehr als die ‚normalen‘ Geschwister, aber abgrenzender und im Wortsinn selbst-bewusster."

Geschwister sollen sich in ihrer Entwicklung nicht behindern, sondern fördern. Ihre körperliche und seelische Differenz bilden das Düngemittel ihrer Reifung. Dieses Düngemittel enthält mehrere Fermente: Geschwister sind Vorbilder. Geschwister sind ein Trainingsfeld für Beziehungen. Geschwister verbindet eine gemeinsame Familiengeschichte. Ihre Rivalität hilft, die eigene Identität zu entwickeln. Mit Geschwistern lassen sich Krisen besser meistern. Geschwister halten als geschlossenes Subsystem die Eltern auf Distanz.

Vor allem aber sind Geschwister durch die Spiele ihrer Kindheit auf einzigartige Weise verbunden.

Spiele sind nicht einfach kindisch. Sie sind nicht hirnloser Zeitvertreib. Der niederländische Kulturhistoriker Johan Huizinga (1872 – 1945) würdigte in seinem Jahrhundertwerk *Homo ludens. Vom Ursprung der Kultur im Spiel* die spirituelle Geburt des Menschen aus dem Geist des Spiels: „Alles Spiel ist zunächst und vor allem ein freies Handeln. Befohlenes Spiel ist kein Spiel mehr", konstatierte der Wissenschaftler. Das Kind spielt „im heiligen Ernst", beobachtete Huizinga. „Spielerisch eignet es sich Mut, List, Wendigkeit, Teamgeist, Intuition, Schöpferkraft, Zähigkeit und Souveränität an". Als pädagogischer Geist diagnostizierte der Anthroposoph Rudolf Steiner (1861–1925): „Aus der Art, wie das Kind spielt, kann man erahnen, wie es als Erwachsener seine Lebensaufgaben ergreifen wird."

Das Spiel ist also ernst zu nehmen. Spielgefährten insgesamt, nicht nur Geschwister, sind sozusagen zweibeinige Schätze unserer Kindheit. Spielen bedeutet Gemeinschaft. Wieland berichtet: „Mit anderen Kindern spielten wir Fußball, kreiselten, fuhren Roller und Fahrrad, ließen selbst gebaute Drachen steigen, liefen Schlittschuh und spielten Eishockey auf dem nahe gelegenen großen Teich (die Winter waren damals noch richtig frostig). Unser Spielplatz war die freie Natur, da gab es immer etwas zu erleben. In Gemeinschaft etwas zu unternehmen, macht immer mehr Freude." Spielen mit anderen Kindern bedeutet Abhärtung, das Einstudieren von Rollen. Hanna: „Wir spielten Sommer wie Winter draußen in Wald und Flur, bauten Burgen und Holzhäuser aus alten Brettern. Als wir älter wurden, spielten wir auch mit Jungs aus dem Dorf ‚Vater, Mutter, Kind'. Dementsprechend wurden wir auch über das männliche Geschlecht aufgeklärt."

Spielen ist Sehnsucht: „Meine eigene Schwester und ich spielten auf dem Dachboden ‚Mann und Frau', also genau das, woran es im Scherbenhaufen unserer Scheidungsfamilie mangelte."

Ulrike war als Kind ängstlich, schüchtern und von zarter Statur. Ihren Vater erlebte sie als „autoritär und dominant": „Ich kann mich nicht erinnern, dass er jemals mit uns Kindern gespielt hat." Die mangelnde väterliche Lebendigkeit holt sich ein Kind in so einem Fall jenseits der Familie. Ulrike: „Ich spielte immer draußen, zusammen mit anderen Kindern, die es zu dieser Zeit zahlreich gab. Wir spielten Verstecken, mit Murmeln, Nachlaufen, Deutschland erklärt den Krieg, Hickelhäuschen, Federball, fuhren Fahrrad und Rollschuhe."

Naja, „Deutschland erklärt den Krieg", das war wohl dem militanten Zeitgeist geschuldet. Leider habe ich das Spiel „Hickelhäuschen" nicht gekannt. Ulrike klärt uns auf: „Hickelhäuschen wurden in Kreuzform aufgemalt, idealerweise kamen schon vorhandene Bodenplatten infrage, die mit Zahlen von eins bis zehn aufsteigend gekennzeichnet wurden. Beginn war bei Feld eins, auf das ein Stein platziert wurde. Dieses Feld musste übersprungen werden, und dann hüpfte man weiter, bei der ersten Runde auf dem rechten, dann auf dem linken Bein, wendete bei Feld Zehn und hüpfte zum Ausgangspunkt zurück, wieder ohne Feld Eins zu berühren. Dann kam der Stein auf Feld Zwei, dann musste dieses Feld übersprungen werden usw." Ich glaube, ich muss mit meiner Frau „Hickelhäuschen" spielen, genauer gesagt, hüpfen …

Das geht nur, wenn meine Frau Ilse beim Spielen nicht Rolf bevorzugt. So hieß nämlich ihre Kinderliebe. Ilse: „Es war Liebe auf den ersten Blick. Sie hielt etwa bis zu meinem zehnten Lebensjahr. Er verteidigte mich nicht nur, wenn andere Jungens mich ärgerten, sondern verprügelte sie auch. Er war stark und wollte unbedingt, dass ich genauso stark werde wie er. Dafür stahl er beim Nachbarn Hühnereier, pickte oben und unten ein kleines Loch hinein und schlürfte die rohen Eier aus. Das sollte ich nachmachen. Es ekelte mich aber zu sehr. Stattdessen bot ich ihm eine Mutprobe an und legte mir einen Regenwurm auf die Zunge. Das schauderte ihn, aber er bewunderte mich dafür. Wir spielten Räuber und Gendarm, Hinkelkasten, Verstecken auf dem Heuboden. Im Winter gingen wir auf das Eis. Wir wünschten uns sehnlichst ein Pony, um schnell durch die ganze Welt zu reiten. Weil das Wünschen nicht half, nahm er mich ‚Huckepack' und galoppierte mit mir in für mich rasendem Tempo durch die Gegend. Auf ihn konnte ich mich hundertprozentig verlassen."

Martina, heute eine lebensfrohe Winzerin, liebte die heimlichen Spiele mit ihrer Schwester: »Unsere Zimmer lagen nebeneinander im ersten Stock unseres Hauses. Wir hatten ein beachtliches Repertoire an Spielen, die wir abends, wenn wir eigentlich im Bett sein sollten, gespielt haben. Natürlich möglichst leise, damit uns unsere Eltern im unteren Stock nicht hören konnten. Eines der Spiele hieß ‚Ritterburg'. Man musste seine Bettdecke als ‚Burgwall' aufbauen, und der andere kam mit seinem Kopfkissen angerannt und hat versucht, damit den Burgwall einzureißen. Der Besitzer des Bettes saß im Bett hinter dem Wall und bemühte sich, den Angreifer abzuwehren."

Da geschah es: „Ganz leise ging das Schlagen mit dem Kopfkissen natürlich nicht ab. Auch unser Gekicher und die trappelnden Schritte beim Rennen über den Flur waren unten zu hören. An diesem Abend hatte mein Vater uns schon ein paar Mal ‚verwarnt'. Wir haben jedoch trotzdem weitergespielt. Eine wichtige Sache bei diesem Spiel war ja das Überraschungsmoment, da man nie wusste, wann der andere angerannt kommen würde oder ob man selber losrennen sollte. An diesem Abend hatte ich mich nun zum Angriff entschlossen und rannte, mein Kopfkissen vor mich haltend, los. Genau in der Mitte zwischen unseren beiden Zimmern kam mir meine Schwester entgegen. Wir prallten gegeneinander, fielen auf den Po und lachten, bis uns die Tränen kamen. Dass unser Vater das natürlich gehört hatte und damit das Maß für ihn voll war, hat daran nichts geändert. Ich kann mich nicht mehr erinnern, was er gesagt hat. Generell war er sehr liebevoll und hat nicht gerne gestraft." Die Jahrhundertschlacht im ersten Stockwerk ging also vermutlich mit einem väterlichen Friedensschluss aus.

Wunderwelt der Spiele! Meine Geschwister und ich haben sie endlos genossen. Drei Spiele sind mir besonders in Erinnerung geblieben. Wir haben unseren Neufundländer Gentleman vor einen Bollerwagen gespannt, in den wir drei Jüngeren uns setzten. Der älteste Bruder rannte voraus. Der Hund nichts wie hinter ihm her. Volle Pulle. Wir schrien vor Begeisterung.

Oder ein Spiel, das wir bei einbrechender Dämmerung praktizierten. Auf einem Wiesenstück unseres parkähnlichen Gartens musste sich einer in die Mitte stellen, wir Geschwister an die beiden gegenüberliegenden Ränder. Der Hauptspieler in der Mitte rief mit furchtbarer Stimme: „Wer hat mein Leberle?" Nun mussten wir versuchen, an ihm vorbei zum anderen Wiesenrand zu laufen, ohne von dem furchtbaren Dämon gefangen und explantiert zu werden. Das war gruselig schön.

Ein weiterer Höhepunkt war das „Dunkelverstecken" im Haus, wenn unsere Mutter gelegentlich abends auf eine Ärztefortbildung ging. Wir löschten alle Lichter, zogen die Vorhänge oder Fensterläden zu und versteckten uns – in Schränken, hinter Stores, in der Badewanne, hinter Kleiderständern oder auf dem kirchenschiffartigen Dachboden des mächtigen alten Hauses. Einer musste suchen. Das ging jedoch nur, wenn wir Gentleman einsperrten, weil er sonst schwanzwedelnd vor einem Schrank stand und das dort versteckte Geschwister treuherzig verriet.

Wie Erwachsene so kosten auch Kinder den Kitzel der Gefahr. Zum Entsetzen unserer Mutter tasteten wir uns einmal an einem schmalen Sims in für uns schwindelnder Höhe an der Hauswand entlang. Wir begriffen gar nicht, warum sie uns danach so auszankte.

Theodor Fontane (1819–1888) schildert in seinem autobiografischen Bericht *Meine Kinderjahre* eine ähnliche Angstlust. Der Garten war sein Reich: „Da spielten wir halbe Tage lang und legten Burgen an oder turnten am Reck oder brachen Planken aus dem Zaum und zogen auf Raub in die Nachbargärten. Schöner aber als alles das war, für mich wenigstens, eine zwischen zwei Holzpfeilern angebrachte, ziemlich baufällige Schaukel. Der quer überliegende Balken fing schon an morsch zu werden, und die Haken, an denen das Gestell hing, saßen nicht mehr allzu fest. Und doch konnte ich gerade von dieser Stelle nicht los und setzte meine Ehre darin, durch abwechselnd tiefes Kniebeugen und elastisches Wiederemporschnellen die Schaukel derartig in Gang zu bringen, dass sie mit ihren senkrechten Seitenbalken zuletzt in eine fast horizontale Lage kam. Dabei quietschten die rostigen Haken, und alles drohte zusammenzubrechen. Aber das gerade war die Lust, denn es erfüllte mich mit dem wonnigen und das Leben allein bedeutenden Gefühl: Dich prägt dein Glück." Wer möchte da nicht mit Schiller (in *Über die ästhetische Erziehung des Menschen*) rühmen: „Der Mensch spielt nur, wo er in voller Bedeutung des Wortes Mensch ist, und er ist nur da ganz Mensch, wo er spielt."

Geschwister sind ein Geschenk des Lebens und für das Leben. Im letzten Brief meiner Mutter an mich mahnte sie im vollen Bewusstsein ihres nahen Todes: „Ich wünsche es mir so innig, dass ihr Kinder es recht miteinander macht und dass ihr zufrieden miteinander alt werdet – denn dann muss es ganz wunderschön sein." So ist es. Mit wem sonst können wir das unvergleichliche Aroma, die Geräusche-, Geschmacks-, Geruchs- und Hautempfindungen unserer Kindheit besser beschwören als mit unseren Geschwistern. Das alles hat uns geformt, genährt, getragen und zu den solitären Persönlichkeiten gemacht, die wir heute sind. Das alles ist das „Sesam, öffne dich" unseres individuellen Kosmos.

Die Dichterin Marie Luise Kaschnitz (1901–1974) würdigt diese Intimität in ihrem Gedicht *Geschwister*. Man muss dabei wissen, dass die Rede vom „Knöchlein am Machandelbaum" auf ein Märchen hinweist, in dem eine entmenschte Mutter ihr

Söhnchen tötet und dem Mann dessen Fleisch zum Essen vorsetzt. Das Schwesterchen, fassungslos vor Schmerz, bestattet die Knöchlein des Bruders unter einem Machandelbaum. Am nächsten Morgen trällert ein Vogel ihr in der Krone des Baums zu. Es ist die Seele des geliebten Bruders. Hören wir:

Was anders heißt Geschwister sein
Als Abels Furcht und Zorn des Kain,
Als Streit um Liebe, Ding und Raum,
Als Knöchlein am Machandelbaum,
Und dennoch, Bruder, heißt es auch
Die kleine Bank am Haselstrauch,
Den Klageton vom Schaukelbrett,
Das Flüstern nachts von Bett zu Bett,
Den Trost –

Geschwister werden später fremd,
Vom eigenen Schicksal eingedämmt,
Doch niemals stirbt die wilde Kraft
Der alten Nebenbuhlerschaft,
Und keine andere vermag
So bittres Wort, so harten Schlag.
Und doch, so oft man sich erkennt
Und bei den alten Namen nennt,
Auf wächst der Heckenrosenkreis.
Du warst von je dabei. Du weißt.

Großeltern – große Liebe

Soll dich das Alter nicht verneinen,
So musst du es gut mit andern meinen.
Musst viele fördern, manchem nützen.
Das wird dich vor Vernichtung schützen.

Goethe
Sprüche

Therapien sind anfänglich fast immer schmerzhaft. So viel Leid kommt vom Seelengrund an die Oberfläche. Ein Meer ungeweinter Tränen fließt ab. Das ist eine Art Erstverschlimmerung. Frühere Verletzungen melden sich mit ungeahnter Wucht: Die Vaterwunde. Die Mutterwunde. Die körperlichen Misshandlungen im Elternhaus. Missbrauch. Armut. Alkohol. Verwahrlosung. Einsamkeit. Minderwertigkeitskomplexe. Fremd- und Selbstabwertung. Die Erinnerungsarbeit muss sein, sonst geschieht keine Heilung. Erinnern heißt bewältigen.

Aber fast ausnahmslos gibt es auch Lichtblicke. Die schönsten tragen den Namen „Großeltern". Wenn ich so eine weinende Frau oder einen erschütterten Mann frage, „Hattest du Großeltern?", erhellen sich die Gesichter. Ja, es sprudelt aus dem eben noch so verzweifelten Klienten ein Strom der guten Erinnerungen an Oma und Opa, väterlicher- oder mütterlicherseits, wie ein Quell der Freude heraus.

„Mein Opa, der Vater meiner Mutter, war das Beste, was mir geschehen konnte", bekannte Bert, der eben noch so düster, im alten Leid verstrickt, vor mir gesessen hatte: „Mein Vater lehnte mich als Kind ab. Ich galt ihm als unsportlich, duckmäuserisch und unbegabt. Ja, ich war ängstlich, weil ich mich der Welt mit meinem Morbus Scheuermann nicht gewachsen fühlte. Ich war körperlich schwach und von kränkelnder Konstitution. Ich konnte weder Fußballspielen noch Schifahren, auch das Schwimmen lernte ich erst mit zwölf Jahren. Aber ich war ein leidenschaftlicher Leser. In der Fantasie fand ich meine Parallelwelten – das Abenteuer, männliches Heldentum und Liebe. Genau das verstand mein Opa. Er selbst hatte als beinamputierter Kriegsheimkehrer einen Bruch in seiner Existenz erlebt. Aus dem einstigen Spitzensportler war ein Versehrter geworden, durch die lange russische Kriegsgefangenschaft abgemagert und geschwächt. In seinen naturwissenschaftlichen Interessen und der Liebe zur klassischen Literatur fand der frühpensionierte Postbeamte sein spätes Glück. Er wohnte, zusammen mit seiner gutmütigen Frau, in einer kleinen Dachwohnung wenige Meter von uns entfernt. Die Wohnung war eine heimelige Puppenstube, von Oma mit zahllosem Nippes liebevoll dekoriert. Jeden Tag trabte ich nach dem Mittagessen zu Opa und Oma. Sie freuten sich. Opa setzte sich erst einmal neben mich und machte mit mir Hausaufgaben. Er hatte viel Geduld. Ich war in Rechnen schwach, er liebte die Mathematik. Nie tadelte er mich. Meist legte er bei den Hausarbeiten einen Arm um meine Schultern. Ich glaube heute, ich war der Sohn, den er sich vergeblich gewünscht hatte, denn mit meinem rechthaberischen Vater vertrug er sich schlecht.

Ich habe Opa sicher, ohne es zu wissen, viel Liebe geschenkt. Ich hing zärtlich an ihm. Nach den Schularbeiten brachte er mir Klavierspielen bei. Diesen Wunsch hatte mein Vater abgelehnt. „Das wird ja doch nichts, du bist so untalentiert", hatte er laut vor meinen beiden Brüdern gesagt. Jetzt aber war ich Opas Lieblingsenkel. Das machte mich stolz. Er war mein Ersatzvater. Besser als das Original. Er schenkte mir einen Baukasten *Der kleine Chemiker* und unternahm mit mir spannende Experimente. Vor allem aber liebte er die Literatur. Er konnte Schillers *Glocke* auswendig und viele andere Balladen, mit denen er sich in der Kriegsgefangenschaft geistig getröstet hatte. Er las mir mit viel Intonation die schauerlichen Geschichten von E. T. H. Hoffmann vor; den *Kater Murr* las ich selbst mindestens drei Mal. Als wir uns gemeinsam an *Robinson Crusoe* begeisterten, schlug Opa mir vor, dazu Bilder von seiner Insel, der Felsenhöhle und seinem Gefährten Freitag zu malen. Ich musste sie signieren, und er hängte sie im Flur seiner Wohnung auf. Einen Satz wiederholte er immer wieder wie ein Mantra: ‚Du bist ein toller Junge'. Das hat mir geholfen, mich selbst zu entdecken. Ich könnte heute noch weinen vor Freude über diesen Satz. Den habe ich Jahrzehnte später gegenüber meinem Sohn wiederholt, als der mit zwölf Jahren in der Schule gemobbt wurde. Das war sozusagen das Geschenk meines Opa-Vaters an den Urenkel."

Großeltern sind ein soziales Geschenk. Sie intervenieren bei Krisensituationen der Eltern, sei es eine Scheidung, Krankheit oder ihre berufliche Überforderung. Großeltern fungieren manchmal als Ersatzeltern. Ist ein Kind behindert, helfen sie doppelt und dreifach. Eine Schweizer Untersuchung ergab, neunzig Prozent der befragten Onkel und Großeltern hielten diese transgenerationale Beziehung für wichtig. Großeltern haben Zeit. Sie können zuhören, sprechen, und sie spielen mit den Enkeln. Der Stoff, aus dem die Großeltern sind, heißt: Erfahrung, Güte, Freude, Toleranz. Sie verfügen über Erfahrung und lebenspraktische Intelligenz: je grauer, je schlauer. Sie helfen den Enkeln bei der unvermeidlichen Entwicklung, sich von den Eltern abzulösen, auch alternative Wertvorstellungen zu finden, ein abgegrenztes Ich aufzubauen. Das ist eine Medizin gegen Fremdbestimmung. Wie lautet so oft das Fazit der elterlichen Dressur: Wir werden als Original geboren und enden als Kopie.

Heute haben Oma und Opa oft eine korrigierende Funktion. Der Schweizer Hochschullehrer Peter Gross beobachtet (in: *Wir werden älter. Vielen Dank. Aber wozu?*, 2015): „Die Großeltern zwingen als Computerabstinente die Kinder wieder in die Realitäten nichtdigitaler Welten zurück. In handgreifliche Bereiche, die sie ansonsten wohl nie zu Gesicht bekämen. In die Berge und Wälder."

Enkelkinder fordern aber auch die Großeltern positiv heraus und formen sie. Sie stimulieren bei ihnen Achtsamkeit, Dankbarkeit, Humor und Weisheit. An den Enkelkindern können Großeltern wiedergutmachen, was sie in der Not oder Unreife ihres eigenen Lebens an den Kindern versäumt haben. Enkel sind Sinnstifter. In einem Jahrtausende alten Generationenvertrag geleiten wir Großeltern sie in die Zukunft ihres Lebens. Wir selbst erhalten dadurch eine sinnstiftende Aufgabe, wie Goethe es formuliert. Wir fördern und nützen, wir meinen es gut und schützen uns damit selbst vor Vereinsamung und vor unserer Angst vor dem Tod. In den Enkeln wird ein kleines Stück von uns weiterleben. Wie sagte unser jüngster Enkel Jan mit knapp fünf Jahren zu meiner Frau Ilse: „Oma, ich liebe dich bis über deinen Tod hinaus." Ist das nicht zum Weinen schön?

Zahlreiche Märchen und Opern spiegeln die schöne, stärkende Beziehung zwischen Großeltern und Enkeln: *Rotkäppchen, Der alte Großvater und der Enkel* der Gebrüder Grimm, *Heidi* von Johanna Spyri. Die Schweizerin (1827–1901) schrieb in der Tradition von Goethe gleich zwei Bildungsromane über das ungewöhnliche Kind: *Heidis Lehr- und Wanderjahre, Heidi kann brauchen, was es gelernt hat.* Wir erinnern uns, nach dem frühen Tod von Heidis Mutter wird das Waisenmädchen zum einsiedlerischen Großvater auf eine Alp in Graubünden gebracht. Der „Almöhi" ist zunächst unwillig, ein Griesgram, vom Leben enttäuscht. Dann gewöhnt er sich an das quirlige Mädchen. Er mag ohne sie nicht mehr leben. Er entdeckt durch Heidi wieder die Liebe in seinem verhärteten Herzen. Das ist das Geschenk dieses göttlichen Mädchens, eine Gabe, die in jedem Kind steckt und seine Einmaligkeit ausmacht.

In dem musikalischen Märchen des russischen Komponisten und Pianisten Sergej Prokofjew (1891–1951) *Peter und der Wolf* lebt der aufgeweckte und tierliebe Junge bei seinem Großvater im ländlichen Russland. Er ist, wie sein Opa, uneigennützig. Köstlich, wie er seiner geliebten Ente, die der Wolf lebendig geschluckt hat, das Leben rettet. Dieser Großvater kann von seinem erstaunlichen Enkel pure Freude ernten gemäß den Sprüchen Salomo (17,6): „Eine Krone des Alters sind Kindeskinder."

Natürlich sind die Großmütter in ihrer weiblichen Fürsorge besondere Schätze der Kindheit. Inge, hier sei der wirkliche Name genannt, widmet ihrer lieben Oma Anne-Marie Wilhelmine Caroline, geboren 1879, eine Laudatio: „Sie war eine einfache, bescheidene Frau, die in ihrem Leben immer hart arbeiten musste. Ihr Mann hat sich im Dezember 1918 das Leben genommen. Alle Sorgen und die Verantwortung für die Kinder lasteten auf ihren Schultern. Ich hatte sie sehr lieb, weil sie Güte und Zufriedenheit ausstrahlte. Obwohl sie wenig Geld hatte, versuchte sie immer, mir eine Freude zu machen." An einen Satz erinnert sich Inge voller Dankbarkeit: „,Du bist unsere liebe Inge', sagte sie oft. Ihr Gesicht war sehr faltig, aber für mich war sie schön. Ihre Herzlichkeit und ihre Wärme waren für mich ein Geschenk, an das ich mich, auch mit neunundsiebzig Jahren, gerne erinnere."

Inges Vater fiel im Dezember 1943 in Russland. Er wurde nur achtundzwanzig Jahre alt. Inge: „In seinem letzten Brief an meine Oma schrieb er: ,Wenn du einmal ein Ei bekommen kannst, denke doch bitte mal an Inge, sie isst gerne ein gekochtes Ei'. Eier waren im Winter sehr knapp, im Krieg gab es Lebensmittel nur auf Marken. Am 20. Februar wurde ich sechs Jahre alt. Meine Oma hatte von bekannten Bauern sechs Eier zusammengebettelt. Die schenkte sie mir, und jedes Jahr bekam ich zu meinem Geburtstag ein Ei mehr, bis ich zwanzig Jahre alt wurde. Als meine Enkelin vierzehn Jahre alt wurde, habe ich sie gefragt, ob ich ihr vierzehn Eier schenken darf. ,Was soll ich denn damit?', war ihre Frage. Dann habe ich ihr meine Geschichte erzählt." Inges Fazit: „Oma ist aus meinem Leben nicht mehr wegzudenken. Es tat ihr immer leid, dass ich keinen Papa hatte."

Gitta, die, wie wir uns erinnern, unter abwesenden, wenig liebesfähigen Eltern litt, genoss die Welt bei ihren Großeltern mütterlicherseits. Es war eigentlich eine arme Welt. Trotzdem: „Ich hatte eine sehr liebe Oma. Eine einfache, bescheiden lebende Frau. Sie und mein Opa lebten in einer Wohnung ohne Bad, ohne Waschmaschine – kaum zu glauben, aber so war es. Es gab nur einen ‚Spülstein' in der Küche. Toilette war auf der halben Etage. Sie fror im Winter meist zu, weil es dort sooo kalt war. Im ehemaligen Kinderzimmer standen zwei Betten, in denen mein Bruder und ich schlafen konnten. Ein Nachttopf stand unter dem Bett. Die Daunendecken waren so schwer, dass man sich darunter kaum bewegen konnte. Im Winter blühten Eisblumen an den Fenstern. Als Kind fand ich das so toll, auch dass in der Küche nur ein Kohleherd stand, mit dem meine Oma kochte und backte. Wie sie ihn immer mit Politur wienerte – eine prägende Erinnerung. Meine Oma war eine leidenschaftliche Bäckerin. Obwohl ihr Mann auch Bäcker war, bevor er in den Krieg zog, backte sie sehr viel und toll. Mein Opa tat das nach seiner Gefangenschaft nicht mehr, sondern wurde Heizer in einer Kaserne." Er brachte Gitta, wie erinnerlich, Schach und Skat bei, womit sie später bei den Kollegen in der Polizei Furore machte.

Wenig Geld, aber ein Herz voller Liebe hatte auch Ulrikes Großmutter: „Wenn meine Oma uns besuchte, habe ich mich immer sehr gefreut, wenn ich sie schon von weitem kommen sah. Sie brachte uns Teilchen mit, schenkte jedem fünfzig Pfennige und hatte immer etwas Interessantes aus der Verwandtschaft oder Nachbarschaft zu erzählen. Meiner Schwester und mir hat sie auch die katholische Religion nähergebracht. Mit uns hat sie gebetet und Marienlieder gesungen. Sie spazierte mit uns nach Sayn in den Park an das Heiligenhäuschen zur ‚schmerzhaften Mutter Gottes'. Dort zündeten wir eine Kerze an. Sie schritt mit uns den Kreuzweg ab und kaufte für jede zum Abschluss am Kiosk noch ein Eis. Mein Opa war ein großer, hagerer Mann. Er war still und sanftmütig. Meistens saß er Pfeife rauchend in seinem Sessel." Er bot den Enkelinnen an, an seiner Pfeife zu ziehen. Das taten sie nur ein Mal und nie wieder!

Für meine Frau Ilse war die Großmutter eine unvergesslich schützende Instanz. Sie saß nach der Geburt der Enkelin, die mit sechs Wochen Keuchhusten und Lungenentzündung bekam und nicht wachsen wollte, rund ein Jahr lang Tag und Nacht an deren Bett. Das Kind hatte mit dem ersten Lebensjahr das Geburtsgewicht von sechs Pfund noch nicht wieder erreicht. Nach diesem sorgenvollen Jahr hatte die Oma so dicke geschwollene Füße, dass sie weder in große Schuhe noch in Pantoffeln passten. Ilse: „Meine Großmutter liebte ich ganz besonders, sie mich auch. Als mein Vater mich einmal bestrafen wollte, lief ich in meiner Not zu ihr in den Garten. Dort grub sie den Boden um. Sie trug immer bodenlange dunkle Kleider und darüber eine ebenso lange Schürze. Sie schlug die Röcke auseinander, so dass ich ganz eingehüllt war und arbeitete in aller Ruhe weiter. Mein Vater fand mich nicht."

Als Scheidungskind und Einzelkind („Mutter hat mir immer schöne Sachen gekauft, wahrscheinlich, um die Abwesenheit meines Vaters zu kompensieren") hatte Hella ihre schönsten Kindheitserlebnisse in den Ferien bei ihren Großeltern auf dem Land: „Meine Oma mütterlicherseits war mein Ein- und Alles! Bei ihr bin ich aufgewachsen, bis ich in den Kindergarten kam. Ich hatte sie einfach nur lieb. Sie hat mir auch mit auf den Weg gegeben, dass mir Handarbeit wichtig ist. Komischerweise handarbeite ich schon seit Jahrzehnten für mein Leben gern. Bei ihr gab es das beste Essen. Meine Oma lebte auf dem Land, wo nur ein paar Häuser waren und viele Kinder! Im Sommer waren wir von morgens bis abends draußen und haben gespielt. Noch heute vermisse ich meine Oma. Mein Opa war kein einfacher Mann. Aber ich war die erste Enkelin. Er hat mich in sein Herz geschlossen. Ich war sehr traurig, als er gestorben war. Da war ich acht Jahre alt. Ich kann mich heute noch erinnern, dass er und ich gemeinsam mit dem Rollstuhl auf der Straße fuhren, und als wir eine gute Sicht hatten, blieben wir stehen und schauten mit dem Fernglas in die Berge."

Gerhild ist besonders von den Großeltern mütterlicherseits beeindruckt: „Auch sie waren, wie die väterlichen Großeltern, Flüchtlinge aus dem Osten. Großvater war Heilpraktiker. Obwohl ich zusammen mit meinem Vater als Jugendliche diese alternativen Heilmethoden verachtet habe, praktiziere ich sie heute und bin Vegetarierin wie er. Auch meine religiösen (oder besser spirituellen) Glaubensinhalte habe ich sicher von ihm geerbt. Allerdings war er Evangelikaler. Ich bin vermutlich in gewisser Weise das Gegenteil, weil ich meine eigene Glaubensüberzeugung suchen muss.

Die Großmutter mütterlicherseits vermachte mir sicher das Interesse an Schönem, an adretter Kleidung und vielleicht auch ein gewisses Interesse (zumindest in meiner Jugend) am anderen Geschlecht."

Ich selbst erinnere mich gerne an die Großeltern beider Familien. Mütterlicherseits imponierte mir mein badischer Großvater, ein Frühpensionär, durch seine unermüdliche Arbeit in seinen riesigen Gärten, sein naturwissenschaftliches Interesse, einen trockenen Humor und gleichbleibende Freundlichkeit. Die Großmutter erlebte ich als eine milde, liebevolle Frau voller Zuwendung und Würde. Als sie starb, habe ich bitterlich geweint. Der Großvater väterlicherseits, ein stämmiger Westfale, war für mich eine Art Industriekapitän, Pionier und Chef einer Sandgrube, die er aus kleinen Anfängen zu einem beachtlichen Betrieb entwickelt hatte. Ich genoss es, in meinen Ferien in Lüdinghausen bei Münster die aufregende Welt der Sandgrube mit ihren Lokomotiven und Loren zu besuchen und, neben dem Großvater, auf seinem durch einen Holzofen betriebenen Lastwagen zu sitzen. Die Oma betrieb einen Gasthof. Sie war witzig und gastfreundlich, Gebieterin über einen Gemüsegarten und Hühner. Sie lachte gerne und päppelte mich mit guter Hausmannskost auf. Ich spielte mit den Buben der Nachbarschaft begeistert an dem kleinen Flüsschen Stever.

Hape Kerkeling, von dem wir bereits hörten, erfuhr durch seinen Opa mütterlicherseits vorübergehende Erlösung von der chronischen Depression seiner

Mutter. Dieser Opa lebte voller Unternehmungslust und Bewegungsfreude. Dabei waren ihm in der sibirischen Kriegsgefangenschaft mehrere Zehen abgefroren. Als sich die düstere familiäre Atmosphäre der mütterlichen Depression verdichtete, protestierte Opa: „Hans-Peter muss hier raus, sonst wird er mir noch verrückt. Der Junge muss an die frische Luft! Seit Monaten hockt er zu Hause und muss auf seine kranke Mutter aufpassen."

Kurz entschlossen nahm Opa den Jungen auf einen Wanderurlaub ins Salzburger Land mit. Es wirkte auf Hans-Peter (Hape) wie eine Rehabilitationskur: „Während des ganzen Urlaubs spricht mein Opa kein einziges Mal über irgendetwas Negatives, das mich oder ihn an zuhause erinnern könnte. Die heitere alpenländische Kulisse streichelt sanft meine von einem unsichtbaren Trauerflor überzogene Kinderseele. Ich will eine Lederhose, Opa kauft sie. Ich will einen Wanderstock, Opa kauft ihn. Ich will einen Tirolerhut, Opa kauft uns beiden einen, ich will ins Kino, Opa auch. Ich will Spaß, Opa macht welchen. Ich will Musik hören, Opa singt schrecklich schief und aus Leibeskräften."

Großeltern begreifen uns und tun uns gut. Sie sind oft unsere große Liebe. Und wir sind ihre große

Liebe. Erich Kästner erkannte, warum gerade die Großeltern zu diesem Liebesgeschenk fähig sind. Er sagt: „Erst bei den Enkeln ist man dann so weit, dass man die Kinder ungefähr verstehen kann."

Natur: „Der Duft von Kiefern und Sand"

Die Rührung und Begeisterung,
die wir beim Betrachten der Natur empfinden,
ist eine Erinnerung an die Zeit, da wir Tiere,
Bäume, Blumen und Erde waren. Genauer:
das Wissen um unser Einssein mit allem,
was die Zeit vor uns verborgen hält.

Leo N. Tolstoi
Tagebücher (1906)

Es ist schlimm, dass wir mit der Natur so barbarisch umgehen und sie rücksichtslos vernutzen. Denn wenn wir einmal von den Naturkatastrophen absehen, ist sie ein Freund des Menschen und die Mutter allen Lebens. Für die Gläubigen ist sie der Widerschein göttlicher Ordnung. Deshalb sprechen sie auch von den „Schöpfungsgesetzen". Aber auch den säkularen Menschen erfüllt die Natur, gleichgültig, ob es sich um einen Naturwald im ursprünglichen Rohzustand oder eine von Menschen kultivierte

Landschaft handelt, mit Andacht. Natur ist eine Quelle der Entzückung, der Ruhe, der Erholung. Mit dem Philosophen Immanuel Kant zu sprechen, schenkt sie uns *interesseloses Wohlgefallen* und seelische Erhebung. Wenn wir sie nicht einseitig instrumentalisieren für ökonomische Interessen und ein kaltes technologisches Nutzungsverhältnis zu ihr praktizieren, gibt sie uns eine Ahnung vom Mythos des Paradieses. Menschen erleben mystische Versenkung, wenn sie in das große Schweigen der Natur eingehen und mit ihr eins werden. Auf einsamen Waldspaziergängen finden wir wieder zu uns. Noch in der Lineatur des kleinsten Blattes entdecken wir die rätselhafte Vernunft des Universums.

Kinder halten sich am liebsten im Freien auf, selbst bei Nässe und Kälte. Das erleben wir jeden Tag in unserem Gesundheitszentrum *Dr.-Max-Otto-Bruker-Haus* in Lahnstein, wenn wir auf den von uns mitgestifteten gegenüberliegenden Waldkindergarten auf unserer Streuobstwiese blicken. Mit einem Feuerchen und Tannenzapfen-Sammeln sind die Kleinkinder einen Vormittag beschäftigt.

Wie symbolisch ist das Aufblühen der Natur mit ihren ersten Schneeglöckchen, Krokussen und Osterglocken nach der eisigen Starre des Winters. In der Natur erholen wir Erwachsenen uns von unserer Verkopftheit. Wir werden ehrfürchtig gegenüber dem Wunder des letztlich unzerstörbar Organischen. Wie lässt die Schönheit eines Kornfeldes unser Herz hüpfen, wie liegen wir als Liebende im hohen Gras! Wir sind Kinder der ewigen Natur, auch wenn wir in die Steinlandschaften der Städte ausgerissen sind. Friedrich Hölderlin (1770 – 1843) lässt seinen Hyperion erkennen: „Wer mit dem Himmel und der Erde nicht in gleicher Lieb und Gegenliebe lebt, wer nicht in diesem Sinne einig lebt, mit den Elementen, worin er sich regt, ist von Natur auch in sich selbst so einig nicht."

Ich staune, wieviel poetisch schwingende Schilderungen mir Frauen und Männer über ihre kindlichen Naturerlebnisse zugesandt haben. Es ist, als ob sie heute noch davon bewegt seien. Markus erlebte als Neunjähriger in der algerischen Wüste sein nächtliches Wunder: „Meine Eltern hatten mich und meine Schwestern mitgenommen. Es war ein Ausflug zu den Tuaregs. Wir blieben dort einen Nachmittag und eine Nacht. Natürlich war es ein touristisches Unternehmen, sicherlich mit allem touristischen Schnickschnack und Souvenirs, wie man das in dieser Branche so kennt. Aber für mich war es unvergleichlich. Wir aßen Hirsefladen und Datteln, löschten unseren Durst mit Kamelmilch. Die Tuaregfrauen boten uns beim Klang von Gitarrenmusik den ‚Tanz der Kamele'. Wir Kinder durften in einem Lederzelt schlafen. Aber was ich nie vergessen werde, waren die absolute Stille der Wüste und der samtene Himmel von einer unergründlichen Schwärze. Über uns leuchteten Myriaden von Sternen. Sie funkelten wie Edelsteine. Eine Sternschnuppe zog über die Himmelskuppel. Mutter sagte uns: ‚Jetzt könnt ihr euch etwas wünschen'. Ich wünschte mir einen Hund, meine Schwester eine Katze. Beides bekamen wir von unseren großzügigen Eltern. Seitdem glaube ich an die Macht der Sterne, auch wenn es natürlich irrational ist."

Das Wunder der Höhlenwelt beschäftigt Siegfried, der sie als Kind entdeckte, noch heute: „Im Rahmen eines Österreichurlaubs stiegen meine Eltern mit mir in eine Tropfsteinhöhle hinab. Ich hatte so etwas Aufregendes noch nie erlebt. Es war kurz nach meiner Einschulung. Der Führer erläuterte uns den Unterschied zwischen Stalaktiten und Stalakmiten, die Entwicklung der Erdgeschichte und die Kultur der Höhlenmenschen und ihrer Malereien. Zum ersten Mal hörte ich vom Cro-Magnon-Menschen und von über neunhundert Zeichnungen in dem spanischen Höhlensystem von Altamira. Am aufregendsten fand ich, dass der Jagdhund eines Großgrundbesitzers sie beim Streunen entdeckt hatte. Heimgekehrt spielte ich mit meiner Schwester im uralten Keller unseres Försterhauses Höhlenmensch. Wir hüllten uns in Decken, lagerten Stofftiere um uns und brieten Leberkäse auf einem Feuerchen. Wenn das Vater gewusst hätte! Wir zeugten auch Kinder – die Puppen meiner Schwester. Später als Gymnasialschüler wurde die Paläolithikum-Forschung mein Hobby und ist es bis heute geblieben. In Europa und in den USA bin ich in über einhundert Höhlen abgestiegen und besitze eine ausgedehnte Spezialbibliothek der Speläologie, der Höhlenforschung. Weil ich mir mit meinen zweiundachtzig Jahren einen Rauschebart zugelegt habe, neckt mich meine Frau oft: ‚Du bist selbst ein Höhlenmensch!‘ Recht hat sie.“

Gerhild bekam, wie wir sahen, durch ihre Italienreise mit den Eltern Interesse an der Geschichte. Das zweite kostbare Erbe war das Wandern in der Natur im Schwarzwald: „Auch heute noch fasziniert er mich, schon wenn ich ihn vom Zugfenster aus sehe. Ich habe ihn als Kind und Jugendliche ausführlich durch die Wanderungen mit dem Schwarzwaldverein kennengelernt und später als Erwachsene auf langen Wegen von Ort zu Ort erkundet. Diese Landschaft hat mich geprägt. Ihre Geschichte, ihre Berge,

Burgen, Schlösser, Wasserfälle und wunderbaren Aussichten pulsieren in meinem Blut. Auch der Bodensee gehört dazu."

Bäume begleiten uns durch unser Leben. Für Dietmar war das Baumhaus, das sein Vater, er und sein Bruder im riesigen Garten ihres Bauernhofes zimmerten, *das* Naturerlebnis seiner Kindheit: „Im Sommer konnten wir Jungen sogar darin übernachten. Die Äste über uns wiegten uns in den Schlaf, und am Morgen weckte uns ein geradezu dröhnendes Vogelkonzert. Ich halte es heute noch schlecht hinter den Betonmauern meines Stadthauses aus. Ich habe mir ein kleines Blockhaus in meinem Garten gezimmert. Das Zimmern brachte mir mein Vater bei. Im heißen Sommer schlafen meine Frau und ich gerne darin. Wenn am Morgen die Vögel erwachen, fühle ich mich wieder wie der kleine Junge von einst."

Bäume zu pflanzen markiert oft das Ritual einer lebensgeschichtlichen Zäsur. Dora ist beglückt darüber: „Ich war fünf Jahre alt, als Papa zu meinem Geburtstag ein kleines Walnussbäumchen pflanzte. Das war gerade einmal doppelt so hoch wie ich. Jahrelang goss ich es jeden Sommer täglich. Ich nannte den Baum ‚Liebling', weil ich ihn so liebte. Er war ja gleichsam mein Ich. Er wuchs und wuchs. Heute, fünfzig Jahre später, habe ich nach dem Tod von Papa und Mama das Elternhaus bezogen und meine Geschwister ausbezahlt. Im Garten steht immer noch der Walnussbaum. Er ist ein Riese geworden. Im Schatten seines Blätterdaches ist es bei Hitze angenehm kühl. Ich sitze auf einer Holzbank unter ihm, vor mir ein behaglicher großer Tisch. Wenn meine Kinder kommen, essen wir vom Frühjahr bis zum Herbst oft daran. Zu Weihnachten bekommt jede meiner drei Töchter eine Tüte Nüsse von meinem ‚Liebling'. Die Töchter mussten mir versprechen, später einmal die Asche aus meiner Urne um ihn auszustreuen."

Dorothee betrachtet ihre schöne Kindheit als das größte Geschenk: „Aufgewachsen bin ich in einem Haus mit großem Garten, direkt am Waldrand gelegen. Meine Eltern haben immer viel Zeit mit mir in der Natur verbracht, ob im Garten, beim Walderdbeerpflücken, auf langen Wanderungen oder Wochenendausflügen in die Vulkaneifel. Besonders schöne Kindheitserinnerungen habe ich auch an unsere Urlaube an der Nordsee. Auf der Rückfahrt gab es immer ein Picknick in der Lüneburger Heide. Diese enge Verbindung zur Natur ist bis heute geblieben."

Kinder träumen von ihrem Land der Sehnsüchte. Dorothee: „Ein besonders schönes Erlebnis hatte ich dieses Jahr während einer Reise nach Island, das Traumland meiner Kindheit. Ein Kinderbuch, das von zwei Jungen handelt, die auf der Insel aus Feuer und Eis ihre Kindheit verbracht haben, hat meine Begeisterung für dieses Land entfacht. Im Alter von achtunddreißig Jahren habe ich mir nun diesen Kindheitstraum erfüllt. An einen Traumort aus der Kindheit zu reisen, ruft ein Gefühl von Harmonie und Geborgenheit hervor, aber auch Neugierde, dieses Land mit den staunenden Augen eines Kindes zu entdecken. Die Natur habe ich besonders intensiv und mit allen Sinnen wahrgenommen." Sie zieht das Fazit: „Es tut gut, sich im Erwachsenenleben ein Stück Kindheit zu bewahren. In diesem Zusammenhang fällt mir immer das schöne Zitat von Erich Kästner ein: ‚Nur wer erwachsen wird und Kind bleibt, ist ein Mensch'."

Berge sind Herausforderungen und Mutproben. Dafür haben Kinder ein feines Gespür. Jürgen wird sein erstes Bergerlebnis nie vergessen: „Von meinem Papa habe ich die Liebe zur Natur. 1984 unternahmen wir eine Bergwanderung auf den Gipfel in 3022 Metern Höhe. Ich hatte mir das gewünscht, und mein Onkel und mein Vater haben das für mich organisiert und sind mit mir auf diesen Berg. Nur für mich. Sie waren ein Vorbild für mich." Warum wird ein Mensch zum Bergsteiger? Nietzsche erklärt dies in *Menschliches, Allzumenschliches* so: „So steigt der Mensch auf gefährlichen Wegen in die höchsten Gebirge, um über seine Ängstlichkeit und seine schlotternden Knie hohnzulachen."

Larissa, eine frühere Unternehmerin, hat sich nach dem Tod ihres Mannes ein Haus an der französischen Atlantikküste gekauft. Es liegt direkt an den Klippen. Unter der Terrasse tost das Meer. Warum liebt sie das raue Meer so sehr? Larissa: „Als Elfjährige nahmen mich meine Eltern auf eine Seefahrt in der Karibik mit. Es war ein warmer Sommerabend, aber ein relativ hoher Wellengang. Ich ängstigte mich. Dann legte sich mein Vater in einen Liegestuhl, bettete mich auf seinen Schoß, und meine Mutter legte beschützend eine Decke um mich. Ich entspannte mich, es war plötzlich ein seliges Gefühl, so beschützt und kräftig geschaukelt zu werden. Vater erzählte mir die Geschichte von Kapitän Ahab und dem weißen Wal Moby Dick. Das Ende mit dem Untergang des wahnhaften Kapitäns habe ich gar nicht mehr mitbekommen. Der Schlaf übermannte mich. Erst in der Kajüte wachte ich am nächsten Morgen wieder auf und wusste nicht, wie ich in die Koje gekommen war. Aber eines spürte ich: Das Meer war mein Freund. Das ist es geblieben, bis heute."

Natur ist Flucht aus der Enge. Wolfgang war schon früh ein Ausreißer: „Ich war drei Jahre alt. Da unternahm ich meinen ersten Ausflug in die Freiheit. Es waren weder Mama noch Papa in der Nähe, also beschloss ich, mal loszuziehen. Ich turnte so lange auf der Fensterbank, bis ich aus dem Fenster fiel, im Klee landete und lostrappelte. Der Ausflug endete in einem Bach. Das Wasser ging mir bis zur Brust, und ich steckte im Schlamm fest. Da endete zwar meine Freiheit, und ich musste gerettet werden, aber es war toll."

Natur ist aber auch schützenswert. Das begreift schon ein Kind. Dietrich erinnert sich an den Sommer 1976: „Es hatte sechs bis acht Wochen nicht geregnet. Alles war ausgetrocknet. Der Lehrer sprach von einer Katastrophe und zu erwartenden Missernten. Wenig später stand ich mal wieder am ausgetrockneten Bach. Es fing an zu tröpfeln, und schließlich regnete es. Ich war sehr glücklich. Alles war wieder in Ordnung."

Nicht zuletzt ist die Natur auch nahrhaft. Margarete spürt noch heute ihren Geschmack: „Es war im Sommer so, dass zum Schützenfest Ende Juni die ersten Erdbeeren geerntet wurden. Bis heute bringe ich es nicht übers Herz, vor Juni Erdbeeren zu kaufen. Unser Garten lag etwa dreihundert Meter vom Haus entfernt, direkt neben dem Pfarrhaus. Im Garten befanden sich ein Tisch und zwei Bänke. Und genau an diesem Ort wurde Schützenfestsonntag – damals ein besonderes Fest – ‚Kaffee getrunken‘. Alles wurde in den Garten gebracht. Es gab Erdbeerboden mit Schlagsahne. Um an Schlagsahne zu kommen, wurde ich sonntags mittags noch in das Milchgeschäft geschickt. Wir selbst besaßen kein Handrührgerät. Ich ging also mindestens eine halbe Stunde, ausgerüstet mit einer Glasschüssel und zwei Mark, frische, geschlagene Sahne einkaufen. Und wie die geschmeckt hat! Ich erinnere mich noch zu gut. Und dann, pünktlich zu Beginn des Schützenumzugs, ging es los – das Kaffeetrinken. War das herrlich …“

Ulli nimmt die Natur gleichsam olfaktorisch, also über den Geruchssinn, wahr: „Wir hatten einen großen Garten, und ich habe schon als kleiner Junge darin geholfen. Ich hatte mein Kinderbeet für Salat, den ich nicht mochte, für Möhren und Radieschen, die ich sehr gerne aß. Mit meinem Vater baute ich einen Gartenteich. Wir hatten immer Goldfische, die ich im Winter auch in meinem Zimmer im Aquarium pflegte. Dafür fuhr ich mit dem Fahrrad schon mal auf die Dörfer, um mit einem selbstgebauten Köcher aus der Strumpfhose meiner Mutter Wasserflöhe aus dem Dorfteich zu fangen. Mit meinen Eltern unternahm ich viele Radtouren durch die Kiefernwälder der Mark Brandenburg. Der spezielle Duft von Kiefern und Sand ist mir heute noch in der Nase. Er verkörpert für mich Heimat."

Noras Vater hatte ein Jagdrevier gepachtet. Beide Eltern brachten ihr und den beiden jüngeren Brüdern die Liebe zur Natur, besonders aber zu den Wäldern bei. Nora: „Vater nahm öfters einen von uns am ganz frühen Morgen in der einsetzenden Dämmerung auf einen Hochsitz mit. Da konnte ich dann beobachten, wie Rehe, sich scheu umblickend, die Waldlichtung betraten, ästen und immer wieder Witterung aufnahmen. Wenn einer von uns Kindern mit ihm die Waldtiere beobachtete, ließ Vater immer das Gewehr in der Waldhütte. Ich habe nie gesehen, wie er ein Wild tötete. Unsere Mutter wiederum wanderte einmal mit uns, als es bereits dunkel war, die etwa fünf Kilometer zu eben dieser Waldhütte in einem ‚Fackelmarsch'. Es war irgendwie wundersam, geheimnisvoll, ja märchenhaft. Sie erzählte uns denn auch im Schein der flackernden Fackeln

die anfänglich so traurige und am Ende so über-
raschungsreiche Geschichte von Hänsel und Gretel. Seitdem suche ich immer, natürlich vergebens,
Schätze im Wald, aber Pilze sind auch Schätze und
dazu noch essbar."

Diese großartige Mutter las den Kindern in der Waldhütte an mehreren Wochenenden auch die roman-
tisch-verspielte Novelle *Aus dem Leben eines Tauge-
nichts* des schlesischen Dichters und Freiherrn Joseph
von Eichendorff (1788 – 1857) vor. Das Rauschen der
Wälder, der Klang des Posthorns, die verwunsche-
nen Schlösser und die amourösen Begegnungen des
liebenswerten Hallodris senkten sich ein Leben lang
in Noras Seele. Nora: „Später entdeckte ich seine
Lyrik. Mein Lieblingslied *Mondnacht* habe ich als
Zwölfjährige auswendig gelernt und bei einer Feier
in der Aula meines Gymnasiums vorgetragen."

Setzen wir daher das Gedicht des großen Roman-
tikers an das Ende unserer Berichterstattungen.

Mondnacht

Es war, als hätt' der Himmel
Die Erde still geküsst,
Dass sie im Blütenschimmer
Von ihm nun träumen müsst.

Die Luft ging durch die Felder,
Die Ähren wogten sacht.
Es rauschten leis' die Wälder,
So sternklar war die Nacht.

Und meine Seele spannte
Weit ihre Flügel aus.
Flog durch die stillen Lande,
Als flöge sie nach Haus.

Tiere: „Wir hatten jeder einen Hund"

Die Tiere empfinden wie der Mensch Freude
und Schmerz, Glück und Unglück.

Charles Darwin
(1809 – 1882)

Die Tiere sind des Menschen ältere Brüder und
Schwestern. Ein Zoobesuch ist, so gesehen, ein
Besuch bei unseren Vorfahren. Aber was machen
wir mit den Tieren. Wir quälen sie auf Todestrans-
porten quer durch Europa. Millionen Tiere töten wir
weltweit in Laboratorien und sprechen von „For-
schung". Wir brechen ihnen Knochen, fügen ihnen
offene Wunden zu, wir infizieren sie, wir erproben
die Wirkung neuer Waffen an ihnen, stecken ihnen
Drähte mit elektrischer Ladung ins Gehirn, injizie-
ren ihnen Krebs und lassen sie Nikotin inhalieren.
Ich erinnere mich an einen Zeitungsbericht, in dem
stand, dass Testhunden die Stimmbänder durchge-
schnitten wurden, um ihr qualvolles Röcheln nicht

hören zu müssen. Die Pelzindustrie degradiert Tiere zur Fellgewinnung. Davor hat schon Deutschlands bekanntester Tierfachmann Bernhard Grzimek öffentlich gewarnt: „Der einzige, der einen Ozelotpelz wirklich braucht, ist der Ozelot." Der Tierfreund Friedrich Nietzsche notierte in *Die fröhliche Wissenschaft* grimmig: „Die Tiere betrachten den Menschen als das wahnwitzige Tier." Auch „Biofleisch" ist ein Tierleichnam.

Dabei tauchen in allen Fabeln von Aesop über Lafontaine, Lessing, Goethe, Kleist bis Marie von Ebner-Eschenbach und George Orwell Tiere mit menschlichen Charakterzügen auf. Da gibt es nicht nur die dumme Gans, sondern auch die weise Eule, den schlauen Fuchs, die listige Maus und den mutigen Löwen. Noch in Saint-Exupérys philosophischer Parabel *Der kleine Prinz* spielen Tiere eine bedeutsame Rolle. Da ist das kleine Elefantenbaby. Es wird von der mächtigen Boa verschluckt. Da gibt es aber auch den klugen Fuchs und die spirituelle Schlange. Der Wüstenfuchs, ein Fenek, verrät dem kleinen Prinzen das Geheimnis der Freundschaft. Die Schlange gewährt dem kleinen Prinzen die finale Erlösung von der Schwere des Lebens, und uns Lesern nimmt sie die Angst vor dem Tod. Von der Amtskirche jahrtausendelang als Inkarnation des

Bösen und Vernichterin des Paradieses verschrien, erscheint die Schlange hier nicht als der maskierte Teufel, sondern als ein Geschöpf voller Güte und Weisheit.

Der Mensch ist, wie die antiken Philosophen bereits bekundeten, ein *animal rationale*. Das ist eine Aussage voller Ambivalenz. Die Zweiwertigkeit besteht darin, dass er einmal ein vernunftbegabtes *Tier* ist. Dass er einen integralen Bestandteil der Natur darstellt, den Tieren wesensverwandt und aus ihnen evolutionär entstanden. In diesem Sinn formulierte Nietzsche in seinem Essay *Jenseits von Gut und Böse*: „Der Mensch ist das nicht festgestellte Tier."

Umgekehrt ist aber der Mensch auch ein *vernunftbegabtes* Tier, und das zeichnet ihn in einmaliger Weise aus. Er wird zum Demiurgen, zum Prometheus, der das Feuer vom Himmel auf die Erde bringt und zum Gestalter der Welt und zum Architekten seines Schicksals mutiert. Aber – er wird zum Feind der Tiere. Er massakriert sie jährlich in den Schlachthöfen. Er führt eine Art Weltkrieg gegen die Kreatur. Was ist das für eine Degeneration des Menschen! Denken wir an die Indianer, die den Büffel um Verzeihung baten, wenn sie ihn, um selbst zu überleben, getötet hatten. Erinnern wir uns an die Ägypter, die

die Tiere in den Rang der Götter versetzten oder an die Hindus, die Kühen und Affen einen heiligen Status zubilligen. Es ist höchste Zeit, dass wir uns unserer Schuld stellen. Der Dichter und Anthroposoph Christian Morgenstern meinte: „Ganze Weltalter voll Liebe werden notwendig sein, um den Tieren ihre Dienste und Verdienste an uns zu vergelten." Könnten die Tiere, solcherart vor allem in der industriellen Nutzung gequält und ökonomisiert, sprechen, was würden sie uns sagen?

Andererseits lieben so viele von uns die Tiere mit heißem Herzen. Woher kommt das? Aus der Kindheit. Instinktiv lieben Kinder Tiere. In der Tierliebe sind die Kinder unser Vorbild.

Das zeigen mir auch die vielen Zuschriften zum Thema Kind und Tier, von denen ich, wie bei allen anderen Themen, leider nur wenige auswählen kann. Eine Idylle mit Hunden, Katzen, Lämmern und Hühnern schildert die zweiundachtzigjährige Dietlinde, die als jüngstes von fünf Kindern aufwuchs. Sie ist dankbar: „Ich verdanke es dem Einfallsreichtum, dem Fleiß und nicht zuletzt der Tier- und Naturliebe meiner Eltern, dass ich beim Rückblick auf meine Kindheit nicht zuerst an Nächte im Luftschutzkeller und an kalte Klassenräume, sondern an unbeschwertes Spielen und eifriges Mithelfen im großen Garten denke. Aber vor allem an all die Haustiere, mit denen ich aufwuchs."

Wie kam das Großstadtkind dazu? Dietlinde: „Von der Herkunft ‚Großstadtleute' haben meine Eltern nämlich zu Beginn des Krieges das 1933 preiswert erworbene große Grundstück genutzt, um außer dem Bau eines Einfamilienhauses Voraussetzungen zu schaffen, dass der Tisch für die große Familie immer mit Selbstproduziertem ausreichend gedeckt war. Und das nicht nur mit Obst und Gemüse aus dem Garten, sondern auch durch die Anschaffung von ostfriesischen Milchschafen, einer Ziege, einer freilaufenden Hühnerschar, Enten, Kaninchen und dazu Katze und Hund." Auf einem der von ihr beigelegten Farbfotos ist sie beim Hühnerfüttern zu entdecken und wie sie Schularbeiten auf der Schiefertafel macht, besser kratzt: Ihre Katze sitzt mit hocherhobenem Schwanz auf ihrem Nacken. Was für eine bildhübsche Katzenmutter im blauen Röckchen!

Dietlinde fährt fort: „Die Namen nicht nur von unseren Katzen und Hunden, sondern auch von den Schafen sind mir auch heute noch alle gegenwärtig. Für unsere Schaflämmer häkelte ich nicht nur bunte

Halsbänder und kugelte mich mit ihnen im Gras, sondern ich übernahm auch unter Anleitung meiner Mutter zunehmend immer mehr Verantwortung für unsere Tiere. Ich half beim Füttern, Stallausmisten, Melken, mit der Sense mähen, Heumachen und am Spinnrad die so herrlich nach Schaf duftende Wolle (weiß und braun) zu Garn verarbeiten. Daraus wurden dann von den großen Schwestern zwar kratzige, aber pflanzengefärbte, hübsch gemusterte Pullover, Strümpfe und Handschuhe in der kargen Zeit der Kleider-, Schuh- und Lebensmittelmarken für die ganze Familie gestrickt."

Das tierische Idyll hatte durchaus seinen wirtschaftlichen Hintergrund: „Die bei uns geschlüpften und aufgezogenen jungen Hühnchen und Enten wurden gern von den Bauersleuten im Dorf getauscht gegen Weizen, Haferflocken, Kartoffeln oder anderes, was von unserem Vegetarier-Haushalt gebraucht wurde. Darum all die Mühe meiner Mutter mit der Kükenaufzucht und dem Brutapparat zum Ausbrüten von einhundert Eiern. Für mich bedeutete es natürlich pure Freude. Schon 1910 hatte mein Vater, zwanzigjährig nachdenklich geworden bei der Besichtigung eines Berliner Schlachthofes, beschlossen, vegetarisch zu leben, und fand in seiner späteren Frau, meiner Mutter, dabei Unterstützung."

Wie sagte der Musiker John Lennon einmal sinngemäß: „Wenn die Schlachthöfe Fenster hätten, würde keiner mehr Fleisch essen." Dietlinde: „Für mich und meine Geschwister war es damals ganz selbstverständlich, dass bei uns niemals Fleisch, Fisch oder Wurstwaren auf den Tisch kamen. Obwohl wir gerne Milch und Eier unserer Tiere verwendeten, wurde bei uns niemals ein Tier geschlachtet. Es war mir dank meiner Eltern als Kind verborgen geblieben, was mit den lebenden ‚Tauschobjekten' geschah. Ich liebte meine Tiere, ohne mit Kummer belastet zu werden – es sei denn, unsere Katze schleppte eine tote Maus oder gar einen Vogel an, die ich dann im Garten unter einem Haselstrauch begrub. Der liebevolle Umgang mit Tieren wurde mir von Eltern und älteren Geschwistern täglich vorgelebt. Ich hatte das Glück, auch mit Feuersalamandern, Schmetterlingen, Käfern, Igeln und sogar Feldhasen, die sich im Winter unseren Rosenkohl im Garten schmecken ließen, aufzuwachsen!"

Uli, der spätere Tierarzt, lernte früh, die Kreatur zu lieben: „Von klein auf bin ich mit Tieren groß geworden. Wir hatten immer einen Hund. Später kamen Kaninchen dazu, die wir nicht schlachten konnten. Katzen, Fische und alles, was man so fand. Meine Eltern waren beide sehr tierlieb. Einmal kaufte mein

Vater zu Silvester einen Karpfen, und der schwamm in unserer Badewanne. Ich nannte ihn ‚August'. Als ich hörte, er sollte geschlachtet werden, schloss ich mich mit ihm im Bad ein. Das dauerte sehr lange, bis ich den Weg frei gab. Es war der letzte Karpfen, der von meinem Vater gegessen wurde. Einmal kaufte mein Vater einen kleinen Cocker zwei Betrunkenen ab, die nicht gerade glimpflich mit ihm umgingen. Er brachte auch einen Greifvogel mit nach Hause, der verletzt am Straßenrand lag, und wir päppelten ihn wieder auf. Am liebsten hätte ich noch ein Pferd gehabt. Wenn wir mit der Schule zu Ernteeinsätzen fuhren, war ich oft mit meinem Vater in den Ställen oder saß damals noch auf dem Kutschbock. Meine Eltern unterstützten mich sehr in meinem Berufswunsch Tierarzt, obwohl es in der DDR viel leichter gewesen wäre, Zahn- oder Humanmedizin zu studieren."

Wenn man schon keine Geschwister hat, sind Tiere hilfreich. Jenny freut sich: „Geschwister gab es zwar keine, aber ich wurde von Hunden, Hängebauchschweinen, Hasen bis Ziegen flankiert. Es sind viele schöne Erinnerungen: Hebamme, als die Welpen an Weihnachten kamen, Rabe aufgezogen, der aus dem Nest gefallen – das war unser Mäxchen-Sommer –, er war so zahm und kam auf Zuruf."

Bärbels Eltern hatten eine kleine Tankstelle mit Auto-werkstatt: „Auf dem Tankstellengelände befand sich auch die Zwingeranlage von unseren Schäferhun-den. Mein Opa hatte schon Schäferhunde gezüchtet, und mein Vater hat dieses Hobby übernommen. Diese Hunde habe ich geliebt. Nach den Hausaufga-ben war ich die meiste Zeit im Zwinger. Sie waren Spielkamerad, stiller Zuhörer, Schmusepartner und Freund in einem."

Ihre größte Hundeliebe endete mit einer Tragödie. Bärbel: „Mit ungefähr vierzehn Jahren hatte ich meinen ersten eigenen Hund. Es war ein Rüde und er hieß Apollo. Wir waren unzertrennlich. Dieser Hund war alles für mich. Als er im ausbildungs-fähigen Alter war, bin ich mit ihm auf den Hunde-platz, und da es ein sehr schöner Rüde war, wurde er auch ausgestellt. Auf den Ausstellungen wurden interessierte Käufer auf ihn aufmerksam. Meine Eltern wollten ihn verkaufen. Für mich brach eine Welt zusammen. Das ist mein Freund! Ich kann ihn doch nicht hergeben. Meine Mutter hat lange auf mich eingeredet, mir die tollsten Dinge verspro-chen, mir indirekt ein schlechtes Gewissen gemacht, bis ich schließlich einwilligte. Apollo wurde ins Ausland verkauft. Danach habe ich mir nie wieder einen Hund ausgesucht."

Liebe Bärbel, ich widme Dir das folgende Gedicht von Friedrich Hebbel (1813–1863). Es drückt Deinen unsagbaren kindlichen Schmerz aus:

Schau ich in die tiefste Ferne
meiner Kinderzeit hinab,
steigt mit Vater und mit Mutter
auch ein Hund aus seinem Grab.

Fröhlich kommt er hergesprungen,
frischen Muts den Staub der Gruft,
wie so oft den Sand der Straße,
von sich schüttelnd in der Luft.

Mit den treuen braunen Augen
blickt er wieder auf zu mir.
Und er scheint, wie einst, zu mahnen:
Geh doch nur, ich folge dir.

Denn in unserem Hause fehlte
es an Dienern ganz und gar.
Doch die Mutter ließ mich laufen,
wenn er mir zur Seite war.

Besser gab auch keine Amme
Je auf ihren Schützling acht,

und er hatte schwere Waffen
und gebrauchte sie mit Macht.

Seine eignen Kameraden
hielt er mit den Zähnen fern,
und des Nachbars Katze ehrte
ihn von selbst als ihren Herrn.

Doch, wenn ich dem alten Brunnen
spielend nahte hinterm Haus,
bellte er mit lauter Stimme
meine Mutter gleich heraus.

Er erhielt von jedem Bissen
seinen Teil, den ich bekam,
und er war mir so ergeben,
dass er selbst die Kirschen nahm.

Wie die beiden Dioskuren
brachten wir die Tage hin,
einer durch den andern glücklich,
jede Stunde ein Gewinn.

Aber allzu bald nur trübte
Uns der heitre Himmel sich,
denn er hatte einen Fehler,
diesen, dass er wuchs, wie ich.

Und an ihm erschien als Sünde
Was an mir als Tugend galt,
da man mich ums Wachsen lobte,
aber ihn ums Wachsen schalt.

Immer größer ward der Hunger,
immer kleiner ward das Brot,
und der eine konnte essen,
was die Mutter beiden bot.

Als ich eines Morgens fragte,
sagte man, er wäre fort
und entlaufen wie ein Hase,
doch das war das falsche Wort.

Noch denselben Abend kehrte
er zu seinem Freund zurück,
den zerbiss'nen Strick am Halse,
doch das war ein kurzes Glück.

Denn, obgleich er mit ins Bette
Durfte, ach, ich bat so sehr,
war er morgens doch verschwunden,
und ich sah ihn niemals mehr.

Ward er an die Eisenkette
jetzt gelegt von seinem Herrn

oder fiel sein Los noch härter,
weiß ich nicht, doch er blieb fern.

Schau ich in die tiefste Ferne
meiner Kinderzeit hinab,
steigt mit Vater und mit Mutter
auch ein Hund aus seinem Grab.

Kinder schleppen ihre geliebten Haustiere, oft zum Entsetzen der verständnislosen Eltern, überall mit. Sie erleben Abenteuer mit ihnen. Beatrix: „Meine Mutter hasste Haustiere. Ganz abgrundtief. Nun wünschte sich meine jüngste Schwester sooo sehr ein Haustier. Es wurde ein Vogel. Was habe ich mich innerlich gekringelt, wenn sich meine Mutter über den Dreck, den der Vogel machte, beschwerte. Über die Löcher im Wandputz, die der Vogel hackte. Über zerpflückte Perücken. Eigentlich über alles, was mit dem Vogel einherging. Dennoch kam er bei jeder Fahrt in den Garten mit. Auf dem Fahrradrücksitz, man stelle sich das einmal vor. Schließlich sollten alle in der Familie frische Luft tanken. Auch der Vogel. Da stand der Vogelkäfig mitten im Rasen unter dem Apfelbaum, wo Nachbars Katze den Vogel stundenlang bis kurz vor dem Herzinfarkt beobachtete und anfauchte. Das war dann nur ein kleiner Schönheitsfehler."

Bunt trieb es auch Belinda: „Sonntags fuhr mein Opa ein- bis zweimal im Monat zu einem Ponyhof, als ich klein war. Dort mietete er ein Pony, auf dem ich reiten durfte, und spazierte mit mir über die Wiesen. An einem Sonntag erschreckte sich das Pony, ging durch, und Opa konnte die Zügel nicht mehr halten. Das Pony galoppierte los. Ich sah, dass mein Opa hinterherlief. Ich fühlte mich total sicher, denn Opa war noch in Sichtweite. Ich wusste, dass er mir folgen würde. Fury, das Pony, raste bis zur Futterkrippe in seinem Stall, kurz darauf kam Opa durch das Stalltor. Ich war stolz auf mein Abenteuer. Opa war glücklich, dass mir nichts passiert war, und wir hatten richtig viel zu erzählen, als wir zum Mittagessen wieder zu Hause waren."

Elisabeth, unsere zweite Freundin vom Lago Maggiore, wuchs mit Tieren auf: „Großvater war Bauer. Mein Bruder und ich lernten bei ihm, verschiedene Tiere zu beobachten: Wie ein Kälbchen auf die Welt kam oder wie Kätzchen geboren wurden, und wie die Katzenmutter sie auf das Leben vorbereitete." Als glühender Neufundländer-Fan hat mich Elisabeths „Hundeleben" besonders gefreut: „Insgesamt hatten wir nacheinander drei Neufundländer. Die beiden ersten hatten den gleichen Namen: Aiax. Wobei ich nur den mittleren mit Namen Carlo besonders erlebte. Mit ihm hatte ich einen Spielgefährten par excellence: Wir rauften uns im Garten zur Belustigung der Leute, die bei uns vorbeigingen. Carlo liebte es, sich abends im Dunkeln nahe dem Gehsteig unter einem Strauch zu verstecken. Ging ein seltsam gekleidetes Individuum, zum Beispiel ein Polizist oder St. Nikolaus, vorbei, schoss er plötzlich mit Gebell hervor, so dass der Ordnungshüter sowie der gefürchtete St. Nikolaus vor Schreck einen Satz nahmen, was die hinterhergehenden Kinder äußerst belustigte."

Dackel, Bernhardiner, Schäferhunde bildeten Maries Heimat. Sie liebte Tiere, vor allem ihren ersten eigenen Hund, einen Spitz mit dem Namen „Teddy". Einmal fürchtete sie sich aber auch: „Wir hatten einen kleinen Einkaufsladen im Dorf. Meine Brüder hatten keine Lust einzukaufen und haben mich nach langem Überreden losgeschickt, mit dem Kinderroller mich auf den Weg zu machen. Die waren heilfroh, als ich mit der braunen Einkaufstasche losging. Beim Nachbarn haben mich dann die Gänse so angeguckt. Ich hatte das Gefühl, sie sprächen mit mir. Ich habe deutlich rausgehört, dass sie sagten: ‚Fahre nicht weiter, das ist gefährlich!'. Ich also wieder umgedreht und zu Hause gesagt: ‚Janssens Gänse haben gesagt, ich soll umdrehen'. Meine Brüder waren mehr als begeistert."

Insgesamt erlebte Marie ein Tierparadies: „Mein Vater war engagiert im Schäferhundverein. Es hat nie eine Zeit gegeben, wo wir keinen Hund hatten. Wir Kinder hatten alle unseren eigenen Hund, aber meistens einen Spitz, der auf dem Hundeplatz das leisten musste, was die Schäferhunde konnten. Das waren zu allen Zeiten unsere Spielgefährten, die selbst beim Schlittschuhlaufen mit aufs Eis kamen; die auf dem Radgepäckträger draufsaßen und die immer dabei waren. Kaninchen hatten wir, mein Bruder hatte Meerschweinchen. Es gab Geflügel und Schweine zum Selberschlachten. Aber irgendwann hat es keiner mehr übers Herz gebracht, die Kaninchen mit Namen unters Messer zu kriegen, und das war es dann. Selbst unser militärischer Vater konnte das mit dem Schlachten dann irgendwann nicht mehr. Wir hatten auch Dackel, Bernhardiner und Schäferhunde (die dann aber für den Hundesport eingesetzt wurden). In späteren Jahren kam dann, nachdem ich mir ein Pferd gekauft habe, auch die Pferdeliebe meines Vaters wieder auf, und wir haben einige gemeinsame Wanderritte gemacht."

Ottmar fand Zuflucht bei seinem Hund. Er erlebte eine traurige Kindheit auf einem kleinen Bauernhof. Sein Vater schlug ihn mindestens einmal in der Woche furchtbar mit seinem Ledergürtel. Ottmar:

„Manchmal konnte ich wegen der blutigen Striemen auf meinem Rücken am anderen Tag nicht in die Schule. Sonst hätte wohl die Lehrerin eingegriffen und den Fall gemeldet. Als ich wieder einmal tränennass die väterliche Prügelorgie verließ, kroch ich in die Hütte unseres Kettenhundes Hektor. Da rückte er ganz nahe an mich ran und schleckte mir minutenlang meine Tränen ab. Das tröstete mich. Von nun an suchte ich immer wieder Zuwendung von Hektor. Eigentlich hätte ich die tröstende Hand meiner Mutter gebraucht. Aber die war streng und unerbittlich, ja, Mutter forderte Vater sogar auf, mich bei kleinsten Vergehen zu züchtigen. Jetzt habe ich als alter Mann und Pensionär in einer Hundezeitung den Satz entdeckt: ‚Als ich die Hand eines Menschen brauchte, reichte mir jemand seine Pfote'. Ja, genauso ist es."

Aber beenden wir den Bericht über die Liebe zwischen Kind und Tier nicht so traurig. Die britische Schriftstellerin Marie Corelli (1855–1924), deren Bücher die Vorlage für viele Stummfilme wurden, spottete einmal: „Ich habe nie geheiratet, denn dazu gab es keinen Anlass. Ich habe drei Haustiere, die dieselbe Funktion erfüllen wie ein Ehemann: Einen Hund, der jeden Morgen knurrt, einen Papagei, der den ganzen Nachmittag lang flucht, und eine Katze, die nachts spät nach Hause kommt."

Feste, Freunde, Dankbarkeit

*Alle fehlen wir darin alltäglich, dass wir Wohl-
taten und Freundlichkeiten aufschlucken wie
ein sandiger Boden das Wasser. Das Bestreben,
uns dankbar zu erweisen, ist keine Triebkraft
in unserem gewöhnlichen Leben.*

Albert Schweitzer
Straßburger Predigten,
27.07.1919

Seien wir dankbar, liebe Leserin, lieber Leser, für die
Wurzeln und Flügel, die uns Eltern, Großeltern,
Geschwister, Tanten, Onkel, Freunde und Lehrer
gegeben haben. Es sind, im positiven Fall, tiefe Pfahl-
wurzeln, aus denen wir noch als Erwachsene unver-
zichtbare Kräfte beziehen. Aus dem *homo ludens*,
dem spielenden Kind, wurden wir durch ihr Vorbild
ein *homo sapiens* und ein *homo faber*, ein gestaltender
Mensch und schließlich durch ihre Liebe ein *homo
amans*, ein liebesfähiger Mensch. Sie haben uns für
das Leben und den Tod vorbereitet.

Wie haben sie uns durch die Feste Freude bereitet und uns ihre Wertschätzung ausgedrückt! Wir erfuhren durch sie das Beschenktwerden und das Selber- Schenken. In den Festen erfuhren wir unsere familiäre Zugehörigkeit. Feste strukturierten in ihren rituellen Wiederholungen, wie Weihnachten und Ostern, das Jahr. Geburtstagsfeste versicherten uns unserer Identität, unseres Willkommenseins. Das drückt ebenso paradox wie schön das Geburtstagslied aus: „Wie schön, dass du geboren bist,/wir hätten dich sonst sehr vermisst."

Feste bedeuteten Aufregung, das Herzklopfen wochenlanger Spannung, dann die Freude und lustvolle Überwältigung. Nie fühlen wir uns unserer familiären Gemeinschaft so verbunden wie in Festen, ob sie religiös oder säkular sind. Taufen, Kommunion, Konfirmation, Hochzeiten, Geburtstage, Abiturfeiern führen uns zusammen. Selbst und gerade bei Beerdigungen gibt es den berühmten Leichenschmaus, bei dem wir Überlebenden wieder enger zusammenrücken. Feste sind Höhepunkte im profanen Alltag. „Ein Leben ohne Feste", befand bereits der griechische Philosoph Demokrit (470 – 360), „ist eine weite Reise ohne Gasthaus".

Feste haben ein feststehendes Programm. Wir drücken darin auch Dank aus. So würdigen wir beim Erntedankfest die Gaben der Natur. Beim deutschen Nationalfeiertag am 3. Oktober feiern wir die friedliche Wiedervereinigung. Die Franzosen feiern am 14. Juli ihren Nationalfeiertag, die Erstürmung der Bastille 1789. Sie tun dies mit einer Militärparade auf der Avenue des Champs-Élysées mit Feuerwerk und Bällen. Beim Nationalfeiertag erinnern sich die Schweizer am 1. August an den 1291 abgeschlossenen Bundesbrief mit Glockengeläute, Trachtenanzügen, Lampions und bei Einbruch der Dunkelheit mit weithin sichtbaren Höhenfeuern. Solche kollektiven Anlässe, auch bei Fußballweltmeisterschaften, erinnern uns an das Wort Goethes: „Gib das Beste. Und mach das Leben zum Feste."

Mit ihren Schwestern zusammen freute sich Martina immer wieder auf die Familienfeste: „In unserer Familie gab es viele Rituale, auf die wir uns jedes Jahr freuen konnten. So hatte meine Mutter einen Adventskalender gestrickt, den sie jedes Jahr mit selbst eingepackten Päckchen behängte. Eines Tages bekamen wir von Bekannten einen Adventskalender geschenkt, der kleine Täschchen enthielt und ebenfalls zum Selbstbefüllen gedacht war. Kurzerhand haben meine Schwester und ich das eigentliche Prinzip umgedreht und diesen Adventskalender mit kleinen Schätzen von uns oder Süßigkeiten für unsere Eltern gefüllt, die sie dann jeden Tag aufmachen durften. Die Freude, die wir selbst empfanden, wollten wir gerne auch wieder zurückgeben."

Ich habe über vierzig Schilderungen von Weihnachtsfesten erhalten, darunter nicht eine einzige negative. Selbst in der düstersten Kindheit strahlen da offensichtlich noch die Kerzen. Hannah erlebte ein Weihnachten, wie wir es bei Adalbert Stifter nicht schöner lesen könnten: „An ein Weihnachtsfest kann ich mich noch genau erinnern. Ich war etwa fünf Jahre alt und durfte zum ersten Mal mit zur Christmette. Es lag hoher Schnee, mein Vater musste mich die meiste Strecke tragen. Zuerst ging es einen steilen Berg hinunter und dann einen hinauf. In dieser Mette spürte ich eine tiefe Frömmigkeit der ganzen Gemeinde. Es war eine Feierlichkeit und Harmonie, die ich im Rest meines Lebens nicht mehr erfahren durfte. Ich verstand kaum etwas, weil die Messe in Latein gesprochen und gesungen wurde. Und trotzdem war ich sehr glücklich."

Das Osterfest ist fast immer ein Freudenbringer, den wir bei unseren eigenen Kindern wiederholen. Ich erinnere mich, dass ich bei einem dieser Feste als

Fünf- oder Sechsjähriger restlos verblüfft war, dass die Flut von bemalten Eiern, Schokoladen und Pralinen gar nicht mehr aufhören wollte. Später verrieten mir die Geschwister, dass meine Mutter die von mir zu einem Sammelplatz gebrachten Liebesgaben des „Osterhasen" einfach immer wieder neu versteckt hatte. Was für ein gebärfreudiger Hase, was für ein köstlicher Trick!

Die gut gemeinten Schwindeleien mit dem Christkind, dem Nikolaus mit dem Gabensack und dem kinderfreundlichen Osterhasen haben ihren eigenen Reiz. Gerhild erinnert sich an eine lustige Situation: „Ich muss vier oder fünf Jahre alt gewesen sein, als meine Eltern an einem Ostersonntag mit Nachbarn zusammen einen größeren Spaziergang machten. Eine der Nachbarinnen musste sich hinter einem Busch erleichtern. Als sie fertig war, rief sie: ‚Da ist gerade ein Hase weggelaufen. Ich habe ihn ganz genau gesehen.' Obwohl wir keinen Hasen gesehen hatten, rannte ich in diese Richtung, wo ich einige bunte Schokoladeneier in buntem Papier zwischen den Steinen fand. Die Erwachsenen versicherten mir, dass der Osterhase das gerade für mich gebracht habe."

Wie sehr haben uns auch die Freunde geprägt. Darüber wäre ein ganzes Buch zu schreiben. Elmar erinnert sich: „Ich war eine Leseratte. Ständig habe ich mich in meinem Mansardenzimmer verkrochen, ob Winter oder Sommer, und habe gelesen, was mir in die Finger kam. Märchen, Abenteuerromane, Comics, Sachbücher über Tiere, Sterne, Indianer, fremde Kulturen. Wie oft habe ich mit einer Taschenlampe unter der Steppdecke noch bis nach Mitternacht gelesen, ohne dass es meine Eltern bemerkten. Dann lernte ich in der dritten Grundschulklasse Heinz kennen. Er war einen Kopf größer, ein Brocken von Junge, muskelschwellende Arme wie ein Orang Utan, rauflustig. Er schloss mich vom ersten Tag an in sein Herz. Er nannte mich immer ‚Kellerassel', weil ich das Tageslicht scheue. Er ließ nicht locker und holte mich aus meiner *splendid isolation* heraus.

Mit ihm unternahm ich Streifzüge durch die Kölner Trümmerlandschaft. Wir fischten, ergebnislos, am Rhein, kletterten auf die Bäume, holten Äpfel, Birnen und Pflaumen, wetteiferten mit Klimmzügen und ‚Dauerlauf', wie man das Joggen damals nannte. Er machte einen richtigen Kerl aus mir. Meine Eltern staunten, wie sich mein Brustkorb weitete und meine Arme und Beine stramm wurden. Umgekehrt begeisterte ich ihn für das Lesen. Erich Kästners *Emil und die*

Detektive, Tom Sawyer und *Huckleberry Finn* haben wir sicher ein halbes Dutzend mal zusammen gelesen und nachgespielt. Das klingt fast wie ein Wunder: Nach sechzig Jahren ist er immer noch mein Freund und Nachbar!"

Meinem Freund Michael verdanke ich spannende Fahrten zu zweit im Faltboot auf dem Bodensee, eine Fahrradtour mit Übernachtung in einer Scheune, Schwimmfreuden, erste sexuelle Erkundungen und viele drollige Witze. Von ihm habe ich gelernt, was Treue ist. Wenn wir uns gelegentlich zankten, zog ich mich wie eine gekränkte Diva zurück und schmollte. Spätestens zwei Tage danach hörte ich die helle Kinderstimme Michaels vor unserem Haus: „Mathias, kommst du zum Spielen?"

Als ihn einmal unser eifersüchtiger Neufundländer Gentleman bösartig ansprang, wurde Michael totenbleich. Ich „rettete" ihn aus den Klauen des Ungeheuers. Damals bekam er von meiner praktischen Arztmutter zur Beruhigung den ersten Schnaps seines Lebens.

Es war auch meine Mutter, die mir, als ich Anfang der 60er-Jahre in Wien studierte, die Nachricht überbrachte, dass sie bei Michael Leukämie diagnostiziert und ihn zu einer medizinischen Kapazität an der Universitätsklinik Freiburg überwiesen hatte. Seine Lebensaussichten seien nicht gut. Tatsächlich starb er knapp zwanzig Jahre später. Er hinterließ seine Frau und zwei Söhne. Ich vermisse ihn heute noch.

Diese Freundschaftsfähigkeit, die mir Michael demonstrierte, beschreibt auch Leonore: „Ich hatte ein paar feste Freundinnen, mit denen ich bis ins hohe Alter verbunden war. Mit Ilse nahm ich den gleichen Weg zur Schule. Wenn ich mich tags zuvor mit ihr gezankt hatte, stand sie doch morgens brav auf der anderen Straßenseite und wartete auf mich."

Leonore erinnert mich auch an die Wohltäter und Vorbilder, die ich in meinem Buch ausgespart habe – die Lehrer. Leonore: „Meinen ersten Lehrer in Detmold zitiere ich manchmal, wenn ich nach Dingen gefragt werde, die ich nicht weiß: ‚Kinder, wenn ich das alles wissen sollte, müsste ich einen Kopf wie ’n Kleiderschrank haben.' Ich sehe ihn immer noch vor mir, wenn er uns das mit großen Gesten vorführte. Einer der geliebten Lehrer war Herr Wiemann. Er verstand es, uns Kindern in seinem Fach Erdkunde die Natur sehr anschaulich näherzubringen, draußen wie drinnen. So genieße ich heute von meinem

Wohnzimmer aus den Blick auf den Teutoburger Wald. Den hatte er uns damals mit den verschiedenen Sonnenuntergängen in den vier Jahreszeiten, vielleicht auch mit den Uhrzeiten, aufgezeichnet. Oder er nahm uns mit in sein Privathaus, wo er sich eine kleine Sternwarte geschaffen hatte. Mit einer ebenso verehrten Lehrerin aus der Handelsschule pflegte ich später noch Kontakt. Sie hat inzwischen eine Art Mehr-Generationen-Haus gegründet."

Norbert liebt das Lachen, das seine Kindheit verlässlich erheiterte: „Unser Grundschullehrer, Herr Möbius, war ein Meister in dieser Disziplin. Jeden Morgen forderte er uns in der ersten Stunde auf, einen Witz zu erzählen. Einer durfte ihn vortragen. Manchmal erzählte er auch selber einen. Wenn wir gegen Ende des Vormittags etwas müde und bräsig in den kargen Schulbänken zusammensackten, machte er gelegentlich einen Lachwettbewerb. Wir schrien vor Lachen und konnten kaum mehr aufhören. Dann waren wir wieder lebendig bei der Sache."

Der Mensch ist also auch ein *homo ridens*, ein lachendes Wesen. Von wem haben wir es gelernt? Wir wissen es: von den Eltern, Oma, Opa, Tanten, Onkel, Geschwistern, Freunden. Unsere Kinder lehren uns wiederum die Medizin des Lachens.

Der britische Schauspieler und Schriftsteller Peter Ustinov befand (in: *Was ich von der Liebe weiß*): „Lachen ist Therapie. Es lässt die Luft aus allem Feierlichen und Pompösen. Es ist meine höchst entwickelte Erfindung, meine vollendetste und raffinierteste Entdeckung, nur von der Liebe übertroffen."

Die Schätze der Kindheit zu entdecken und fruchtbar zu machen, bedeutet, sich auf die Spurensuche dieser Epoche und damit nach mir zu machen. Wenn Eltern oder ältere Geschwister noch leben, können wir sie dazu befragen. Vielleicht entdecken wir dabei auch, welches Geschenk *wir* trotz all unserer Unarten und Krisen für die Eltern gewesen sind.

In einer meiner Meditationen bitte ich die Teilnehmer, jenes Kind, das sie einst gewesen sind, in Gedanken auf die Knie zu nehmen und ihm in die Augen zu schauen. Ich frage dann: „Was ist das Einzigartige, Köstliche, was dieses Kind der Welt schenkt? Seine Zärtlichkeit, seine Treue, seinen Schalk, seine Neugier, seine Anmut, seine Lebensfreude, sein Singen, sein Lachen, sein munteres Sprechen, seine Hilfsbereitschaft, seine Stehaufqualität, seine Tierliebe, seine Aufmerksamkeit, seine herrliche Bockigkeit, seine Sanftheit, seine selige Versponnenheit, seinen philosophischen Sinn, seine Behutsamkeit?" Das ist das *innere Kind* in uns. Manchmal ist es durch den schweren Gang des Lebens verschüttet. Es kann aber wieder geborgen werden. Ich vermag dieses „innere Kind" als Chance und Verheißung erneut zu entdecken. Plötzlich betrachte ich wieder mit kindlichen Augen die Welt und spüre das verblüffend große Potenzial meiner Begabungen.

Mit der Wiedergeburt seines kindlichen Ichs sieht jeder von uns die Welt neu. Mit der Taufrische des kindlichen Gemüts stelle ich die Frage nach meinem Glück jenseits von Beruf, Hausbesitz und Bankkonto. Ich rätsele nach dem Sinn meines Lebens neu. Ich frage, wofür ich geliebt werden will und wofür es sich lohnt zu leben. Ich positioniere mich neu. Ich bedenke alternative Lebensformen. Ich fasse Mut, meine Lebenslandschaft schöner zu gestalten. Mit der einfachen Herzenslogik des Kindes in mir frage ich nach Gut und Böse, Schön und Schlecht in meinem Leben. Ich weine Kindertränen. Ich krieche, wie *Hans mein Igel* im Grimmschen Märchen, aus der starren Igelhaut heraus, die ich als einen Panzer gegen die Härte der Welt angelegt habe. Ich werde wieder ursprünglich, kindlich.

Der Dichter Friedrich Hölderlin (1770–1843) besingt das Kind hymnisch: „Ja! Ein göttliches Wesen ist das

Kind, solange es nicht in die Chamäleonfarbe des Menschen getaucht ist. Es ist ganz, was es ist, und darum ist es schön."

Man kann es auch religiös mit Matthäus (18,3) benennen: „Ihr werdet nicht in das Himmelreich eingehen, so ihr nicht werdet wie die Kindlein." Das Kind in uns ist eine Wunderhöhle voller Schätze. Es lebt in uns. Fragen wir uns: Womit bezaubere ich die Menschen? Was ist mein Zauberstab? Ist es meine Fröhlichkeit, meine Lebenslust, meine Spiritualität, meine Belesenheit, meine Sportlichkeit, mein Scharfsinn, meine technische Kompetenz, meine Hilfsbereitschaft, meine Warmherzigkeit? Kenne ich überhaupt meine zauberischen Fähigkeiten? Nutze ich sie? Bin ich dankbar für sie?

Danken wir denen, die uns in ihre Liebe einhüllten und uns in der zweiten, geistigen Geburt zum Menschen formten. Danken wir aber auch uns selbst, unserem inneren Kind und unserer schöpferischen Persönlichkeit, die aus diesem „göttlichen Kind" sich entwickeln durfte. Sagen wir es mit der Philosophin Hannah Arendt (1906–1975), der jüdischen Deutschen, Emigrantin und Amerikanerin, die die *Natalität*, die „Gebürtlichkeit" des Menschen, beschwor. Damit wandte sie sich gegen jene pessimistischen Denker und lebensfeindlichen Theologen, für die das menschliche Leben darin besteht, dass es sich auf den Tod zubewegt. Für Hannah Arendt ist nicht der Ausblick auf den Tod, sondern der Rückblick auf die Geburt die Quelle jedes wirklichen Handelns.

Wenn der Tod der große Gleichmacher ist, schreibt sie in ihrem Werk „Vita activa oder vom tätigen Leben" (1960), so ist die Geburt dasjenige Ereignis, das die Einmaligkeit jedes Menschen begründet. Hannah Arendt: „Der Antrieb scheint in dem Anfang selbst zu liegen, der mit unserer Geburt in die Welt kam und dem wir dadurch entsprechen, dass wir selbst aus eigener Initiative etwas Neues anfangen … Weil jeder Mensch auf Grund des Geborenseins ein *initium*, ein Neuanfang und Neuankömmling in der Welt ist, können Menschen Initiative ergreifen, Anfänger werden und Neues in Bewegung setzen."

So schließt sich denn auch am Ende unserer Entdeckungsreise in die Schätze unserer Kindheit philosophisch der Kreis. Denn wie der legendäre chinesische Philosoph des 6. Jahrhunderts vor Christus, Laotse, im 76. Poem seines Lehrgedichtes *Tao te king* (übersetzt von Richard Wilhelm) erkannte, bildet das Weiche und die Schwäche des Kindes das Heilmittel gegen die Verpanzerung des Erwachsenen. Der Denker mahnt uns, in der Sanftheit große Kinder zu bleiben:

> *Der Mensch ist weich und schwach,*
> *wenn er geboren wird,*
> *fest und stark,*
> *wenn er stirbt.*
> *Kräuter und Blumen*
> *sind weich und saftig,*
> *wenn sie entstehen,*
> *dürr und hart,*
> *wenn sie sterben.*
> *Denn das Feste und Starke*
> *gehört dem Tode,*
> *das Weiche und Schwache*
> *gehört dem Leben.*

Ein Verlag, ein Haus, eine Philosophie.

Millionen Bundesbürger kennen den kämpferischen Ganzheitsarzt Dr. Max Otto Bruker (1909 – 2001) aus dem Fernsehen, aus Vorträgen, durch den „Mundfunk" überzeugter Patienten. Vor allem lesen sie aber die rund 30 Bücher des schwäbischen Humanisten und Seelenarztes. Mit einer Gesamtauflage von mehreren Millionen Exemplaren ist Max Otto Bruker der wohl bedeutendste medizinische Erfolgsautor im deutschsprachigen Raum. Der – in der Nachfolge des Schweizer Reformarztes Bircher-Benner scherzhaft „Deutschlands Vollwertpapst" genannte – Massenaufklärer, langjährige Klinikchef und Ernährungsspezialist lehrt zwei fundamentale Erkenntnisse Patienten wie Gesunden: Der Mensch wird krank, weil er sich falsch ernährt. Der Mensch wird krank, weil er falsch lebt.

Hinter den Erfolgstiteln des emu-Verlages steht ein bedeutender Forscher und Arzt, eine Bewegung, ein Haus und tausende Schülerinnen und Schüler. 1994 wurde das „Dr.-Max-Otto-Bruker-Haus", das Zentrum für Gesundheit und ganzheitliche Lebensweise, auf der Lahnhöhe in Lahnstein bei Koblenz bezogen. Es stellt die äußere Krönung des Brukerschen Lebenswerkes dar: Der lichte Bau mit seinem Grasdach, den Sonnenkollektoren, seinen Seminarräumen, dem Foyer mit der Glaskuppel, dem wunderschönen Brukergarten mit Kneippanlage, Raum der Stille, Naturwald und Lehrpfad sind als Treffpunkt für all jene konzipiert, denen körperliche und seelische Gesundheit, ökologische und spirituelle Harmonie Herzensbedürfnis und Sehnsucht sind.

Hinter dem eleganten Halbmondkorpus mit dem markanten Grasdach verbirgt sich eine Begegnungsstätte für Gesundheitsbewusste, Seminarteilnehmer, Trost-, Ruhe- und Anregungsbedürftige.

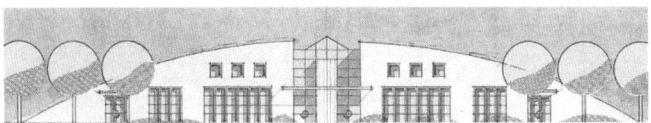

Das Dr.-Max-Otto-Bruker-Haus

Feste Termine:

Jeden Montag, 19.00 Uhr: Gesprächskreis Lebenskrisen mit Hassan El Khomri, Dipl.-Psych./Psychologischer Psychotherapeut

Jeden Dienstag, 18.30 Uhr: Vortrag Dr. phil. Mathias Jung (Lebenshilfe und Philosophie)

Jeden Mittwoch, 10.30 Uhr: Fragestunde mit Dr. med. Jürgen Birmanns (Ärztlicher Rat aus ganzheitlicher Sicht)

Ausbildung Gesundheitsberater/in GGB
Lebensberatung/Frauen-, Männer- und Paargruppen

Die vitalstoffreiche Vollwertkost hat ihre Verbreitung, auch im klinischen Bereich, durch die unermüdliche Information und praktische Durchführung von Dr. M. O. Bruker gefunden. Um die Erkenntnisse gesunder Lebensführung und die durch falsche Ernährung provozierte Krankheitslawine ins öffentliche Bewusstsein zu rücken, bildet die von ihm 1978 gegründete „Gesellschaft für Gesundheitsberatung GGB e.V." ärztlich geprüfte Gesundheitsberaterinnen und Gesundheitsberater GGB aus. Über 5000 Frauen und Männer haben bislang die berufsbegleitende Ausbildung bestanden und wirken in Volkshochschulen, Bioläden, Lehrküchen, Krankenhäusern, ärztlichen Praxen, Krankenversicherungen und ähnlichen Bereichen.

Auf der Lahnhöhe erhalten sie durch das GGB-Expertenteam nicht nur eine sorgfältige Grundlagenausbildung über die vitalstoffreiche Vollwerternährung und den Krankmacher der „entnatürlichten" (denaturierten) Zivilisationsernährung (raffinierter Fabrikzucker, Auszugsmehle, fabrikatorische Öle und Fette, tierisches Eiweiß usw.), sondern gewinnen auch Einblick in die leibseelischen Zusammenhänge der Krankheiten.

Anfragen zur Gesundheitsberater-Ausbildung wie zu den Selbsterfahrungsgruppen, Lebensberatung, Paartherapie und Psychotherapie bei Dr. Mathias Jung und Hassan El Khomri sowie weiteren Tages- und Wochenendseminaren sowie Einzelberatung sind zu richten an die Gesellschaft für Gesundheitsberatung GGB e.V., Dr.-Max-Otto-Bruker-Str. 3,

56112 Lahnstein (Tel.: 0 26 21/91 70 14, 91 70 10, 91 70 17, 91 70 18, Fax: 0 26 21/91 70 33).

E-Mail: seminare@ggb-lahnstein.de

Internet: www.ggb-lahnstein.de

Fordern Sie ebenfalls ein kostenloses Probe-Exemplar der Zeitschrift „Der Gesundheitsberater" an.

Von Dr. Jung sind im emu-Verlag bisher in der
„blauen reihe" erschienen:

Von Dr. Jung sind im emu-Verlag bisher in der „roten reihe" erschienen:

Von Dr. Jung sind im emu-Verlag bisher in der „gelben reihe" erschienen:

Von Dr. Jung sind im emu-Verlag bisher in der Sprechstunden-Reihe erschienen:

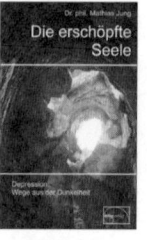

Von Dr. Jung sind im emu-Verlag bisher in der Sprechstunden-Reihe erschienen:

Von Dr. Jung sind in Zusammenarbeit mit
der Grafikerin Andrea Montermann (Illustrationen)
folgende Titel erschienen:

Von Dr. Jung sind im emu-Verlag folgende Vorträge als Audiokassetten bzw. CDs erschienen:

Lebenskrisen – Lebenshilfen

- Mein Charakter – mein Schicksal?
- Die erschöpfte Seele
- Das Verdrängte in unserer Seele
- Die Wunde der Ungeliebten
- Das Ja und das Nein in der Liebe
- Was ist der Sinn des Lebens?
- Meine Sprache, meine Seele
- Söhne brauchen Väter
- Krankheit als Kränkung und Anpassung
- Eifersucht – ein Schicksalsschlag?
- Der Mann – ein emotionales Sparschwein
- Geschwister
- Das sprachlose Paar
- Lebensnachmittag – Endlichkeit und Aufbruch
- Trennung als Aufbruch
- Freiraum – ein Zimmer für mich
- Lust und Last der Sexualität
- Liebesverträge in der Beziehung
- Lob der Einsamkeit
- Das Alkoholproblem – Der Betroffene und seine Familie
- Lebensbedingte Krankheiten nach Dr. M. O. Bruker
- Versöhnung
- Das Paar im Wandel
- Sexueller Missbrauch – sexuelle Ausbeutung
- Seele – Sucht – Sehnsucht
- Organtransplantation – Sterben auf Bestellung?
- Aussichtslos: Selbsttötung – Vorbeugung und Hilfe für Angehörige
- Übergewicht – Der Kampf mit dem eigenen Körper
- KrankSein und GesundWerden
- BindungsAngst
- Die Vaterwunde
- Keine Zeit
- Liebesarbeit
- Liebesrausch und Liebeskater
- Mut zum Ich
- Reine Männersache
- Rabenvater – Der Vater-Sohn-Konflikt

Märchen als Schlüssel zum Unbewussten

- Der kleine Prinz in mir
- Der Froschkönig – Glück und Zähneklappern der Liebe
- Hans mein Igel – Das verletzte Kind in mir
- Des Kaisers neue Kleider – Sein und Schein
- Schneewittchen – Das Drama des Neides
- Siddhartha – Der Fluss des Lebens
- Eisenhans – Wie ein Mann ein Mann wird
- Das tapfere Schneiderlein – Mut zum Leben
- Hänsel und Gretel – Ablösung von den Eltern
- Das hässliche Entlein – Außenseiter
- Blaubart – Befreiung der Weiblichkeit
- Vom Fischer und seiner Frau – Tödliches Schweigen

- Dornröschen – Vom Schlaf des Mädchens und dem Erwachen als Frau
- Hans im Glück – Sein oder Haben
- Harry Potter – Der Zauber der Wandlung

Große Philosophen

- Sokrates – Die Norm meines Gewissens
- Seneca – Die Freude des Augenblicks
- Augustinus – Der Zwiespalt
- Montaigne – Das Leben als Meisterstück
- Giordano Bruno – Die neue Welt
- Descartes – Der Januskopf der Wissenschaft
- Spinoza – Das Abenteuer der Diesseitigkeit
- Hobbes – Die Zähmung der Bestie
- Leibniz – Die Welt ist gut
- Voltaire – Die Waffe des Geistes
- Kant – Die Mündigkeit des Menschen
- Hegel – Der Fortschritt
- Feuerbach – Die Sache mit Gott
- Marx – Die Entfremdung des Menschen
- Schopenhauer – Die Qual des Seins
- Nietzsche – Hymne auf das Leben
- Heidegger – Die Angst
- Jaspers – Die Weltphilosophie
- Arendt – Vom tätigen Leben
- Bloch – Das Prinzip Hoffnung
- Popper – Die offene Gesellschaft
- Sartre – Die Freiheit

Große Dichter

- Lessing – Die Toleranz
- Wieland – Die Aufklärung
- Goethe – Dichtung und Wahrheit
- Schiller – Der Atem der Freiheit
- Jean Paul – Humor und Menschenliebe
- Hölderlin – Griechenland mit der Seele suchen
- Kleist – Die Zerrissenheit des Menschen
- Novalis – Die blaue Blume der Romantik
- Eichendorff – Waldhorn und Sehnsucht
- Hauff – Die Magie des Märchens
- E. T. A. Hoffmann – Die Elixiere des Teufels
- Heine – Denk ich an Deutschland in der Nacht
- Storm – Edel lebe und schön
- Raabe – Chronist des Bürgertums
- Keller – Romeo und Julia im Dorfe
- Droste-Hülshoff – Fesseln will man uns am eigenen Herde
- Stifter – Das sanfte Gesetz
- Rosegger – Das Verschwinden der Heimat
- Fontane – Effi Briest oder Die Krise
- Heinrich Mann – Der Untertan
- Hermann Hesse – Siddhartha
- Thomas Mann – Der Hochstapler Felix Krull
- Zweig – Die Welt von Gestern
- Joseph Roth – Hiob: Die jüdische Passion
- Anna Seghers – Das siebte Kreuz. Widerstand gegen Hitler